안경
혁명

게임의 판을 바꾼 5가지 생각의 전환

안경 혁명

초판 1쇄 인쇄 2022년 1월 7일
초판 1쇄 발행 2022년 1월 12일

지은이 손재환

발행인 백유미 조영석

발행처 (주)라온아시아
주소 서울특별시 서초구 효령로 34길 4, 프린스효령빌딩 5F

등록 2016년 7월 5일 제 2016-000141호
전화 070-7600-8230 **팩스** 070-4754-2473

값 15,000원
ISBN 979-11-92072-18-0 (03320)

※ 라온북은 (주)라온아시아의 퍼스널 브랜드입니다.

라온북은 독자 여러분의 소중한 원고를 기다리고 있습니다. (raonbook@raonasia.co.kr)

REVOL

게임의
판을 바꾼
5가지
생각의 전환

안경혁명

손재환 지음

UTION

RAON BOOK

프롤로그

"시골에서 불 피워보셨어요?"

"장사가 잘 안 되는데 어떻게 하면 되나요?"

얼마 전 60대 나이의 한 사장님이 내게 조언을 구한다며 물었다. 아들에게 가게를 맡겼는데 쉽게 말해 말아먹었다고 한다. 한 자리에서 25년 동안 장사했다며 자존심이 상해서 접을 수는 없다고 말했다. 힘이 좀 들겠지만 제대로 방향을 잡고 열심히 일하면 잘될 수 있다고 격려하면서 나는 한 가지 이야기를 덧붙였다.

"시골에서 아궁이에 불 피워보셨나요? 불이 꺼져갈 때 다시 지피려면 어떻게 해야 하죠? 꺼져가는 불을 그냥 후 불면 안 살아납니다. 지푸라기라도 가지고 와야죠. 더 태울 걸 가지고 와서 집어넣고 후후 불어야 합니다. 불면 어떻게 되죠? 눈물이 쭉 납니다. 그만큼의 고통을 감수한 눈물이 나야 합니다. 그리고 불을 오래 타게 하려면 굵은 장작을 넣어야 합니다. 큰 투자를 해야 한다는 겁니다. 그래야만 불이 다시 살아나서 장작에 붙어서 오래갑니다. 눈물 날 정도로 열심히 하시고, 장작처럼 큰 투자를 하세요. 자신 있으십니까?"

잘 되던 장사가 내리막길을 걸을 때 사람들은 초심으로 돌아가 열심히 하면 잘 될 거라고 막연히 생각한다. 미안하지만 천만의 말씀이다. 꺼진 불을 살리는 것은 매장 하나를 새로 오픈하는 것보다 어렵다. 도망간 사람들의 마음을 돌리는 일이기 때문에 쉽게 될 리가 없다. 뼈를 깎는 고통을 각오하고 몇 배의 노력을 더 쏟아부어야 한다.

코로나19가 몇 년에 걸쳐 장기화되다 보니까 대면 영업을 하는 자영업자, 소사장들이 어렵다고들 한다. 그런데 꼭 코로나19가 아니어도 시대의 변화는 이미 진행되고 있었던 건지도 모른다. 작은 기업이 살아남기 어려운 시대에 사업을 접어야 하나 고민하는 분들도 많은 것 같다. 이해하기 힘든 젊은 직원들과의 갈등도 한몫 하고 있는 것 같다. 한동안은 세대간의 마찰뿐 아니라 계층간의 갈등도 사람들 입에 많이 오르내렸다. 흙수저는 성공할 기회가 없어지고 있다는 것이다. 그런데 잘 생각해보면 어느 시대를 막론하고 금수저, 흙수저는 있었다. 세대간의 이견도 마찬가지라고 생각한다. 나는 흙수저 중에 흙수저로 태어났다. 어릴 때부터 신체적인 한계가 있었고 일찍 돌아가신 아버지의 빈자리가 컸다. 그래도 지금은 2021년 현재 연 매출 100억 원의 법인 프랜차이즈와 연 매출 23억 원의 개인 안경원을 경영하는 어느 정도 성공했다고 인정받는 사람이 되었다.

코로나19 시대 이후 많은 변화가 있을 것으로 예상되긴 하지만, 돈을 벌고 싶은 사람이 제일 하기 쉽고 빠르게 성과를 낼 수 있는 것은 여전히 장사다. 하지만 진정으로 장사의 의미를 알고 덤벼야 성공 확률을 높일 수 있다. 나는 스무 살부터 30년 가까이 장사를 했는데, 개인 매장을 하면서 비즈니스를 키워온 과정을 이 책에서 이야기함으로써 자영업자나 소사장들에게 미력한 힘이나마 도움이 되고자 한다. 흙수저라서 성공하기 어렵다거나 신체적인 약점, 그밖의 불리함으로 인해 성공하기 어렵다고 생각하는 사람들에게 위로가 되고 조언이 된다면 펜을 들 용기를 낸 보람이 있을 것 같다. 대한민국에는 장사를 하는 사람들이 많이 있다. 하지만 모두가 성공하고 돈을 버는 것은 아니다. 현실에서는 대략 10% 정도만 성공하는 것 같다. 아니 어쩌면 그것도 많은 수치인지 모르겠다. 주변을 되돌아보면 극히 적은 숫자만 성공했다는 말을 듣는다. 내가 몸담고 있는 안경 업계만 봐도 그렇다. 가끔씩 나에게 대형 매장을 키워낸 비법이나 변화에 발빠르게 대처할 수 있었던 비법을 묻는 후배들이 있다. 이 책이 그들에게 답이 됐으면 좋겠다고 희망해본다. 시대의 판이 바뀔 거대한 변화의 파도가 덮쳐오는 걸 느끼고는 있지만 어떤 판단을 하는 것이 현명할지 갈피를 못 잡겠다는 분들에게도 힌트가 되었으면 좋겠다.

나는 후배 양성을 위해 한국안경아카데미에서 여러 가지 강의도 하고 있다. 그중 오픈컨설팅 반에서는 성공창업 철칙으로 경영자 마인드를 꼭 갖춰야 한다는 이야기를 하고 있다. 사람들은 매장 하나를 열 때 판매 기술만 익히면 될 것이라 생각하지만 실제로 경영에 들어가면 신경써야 할 것이 많다. 오너의 마인드가 준비돼야 돈도 들어오게 마련이다. 이걸 모르면 처음엔 돈을 버는 것 같다가도 나중엔 결국 다 망한다.

오래 가는 경영자의 특징은 사업을 할 때 돈을 최우선 목표로 삼지 않는다는 것이다. 물론 돈은 벌어야 하는 것이 맞지만 돈만 좇는 사람은 어느 정도 벌고 나면 다음에 할 것이 없어 열심히 하지 않는다. 사업을 하는 정당성이나 사명감을 찾아야 지치지 않고 오래 갈 수 있다. 또 오래 가는 경영자는 직원보다 더 열심히 한다. 사장이 되면 편할 거라고 생각하지만 사실 사장은 고되다. 사업을 준비할 때부터 사장의 자리는 편한 자리가 아닌 것을 알고 있어야 한다. 보통 사람들은 초기에만 열정을 쏟지만, 오래 가는 경영자는 3년 뒤, 5년 뒤, 10년 뒤의 변화를 생각하고 준비한다. 누구나 처음에는 온 힘을 다해서 일한다. 성공하는 경영자는 그 와중에도 3년 뒤, 5년 뒤, 10년 뒤 변화된 자신의 모습을 상상하면서 준비한다.

어렵고 힘들지만 '하늘은 스스로 돕는 자를 돕는다'라는 흔하디

흔한 진실을 믿고 이제껏 달려왔다. 이런 작은 믿음 하나가 내게 성공의 스토리를 만들어주었듯이, 나의 작은 성공이 많은 사람들의 성공에 영향을 미쳐 더 많은 사람들이 행복해지기를 바란다.

수명이 점점 길어지는 고령화 시대를 우리는 살고 있다. 나 또한 앞으로 20~30년은 현업에 종사하면서 일을 할 것 같다. 책을 쓰는 작업은 그런 미래를 대비하기 위해 나의 역사를 정리하는 꼭 필요한 과정이었고 의미 있는 시간이었다. 책쓰기는 60에나 하려고 했는데 이렇게 몇 년 앞당기게 된 것은 앞으로의 시대 흐름에 대한 내 의견을 듣고 출판사에서 원고 집필을 권유했기 때문이다. 앞으로의 시대는 개인들의 셀프 브랜딩 시대라는 말도 내 마음을 움직였다. 마지막으로 이 책을 쓸 수 있도록 용기를 불어넣어주신 황창환 박사님과 라온북 조영석 소장님께 진심으로 감사드린다.

손재환

차 례

2nd Change
고급화

"한 분 한 분 최선을 다하라"

3rd Change
대형화 그리고 마케팅 전환

"대구·경북 1등 프랜차이즈 무극안경"

4th Change
공장형 할인

"확실한 차이가 있어야 마음을 움직인다"

5th Change
체험형 매장

"대한민국 대표 안경원을 꿈꾼다"

6th Change — 새로운 변화 앞에 서서

"10년 후에도 여전히 활기차게"

1st Change

전문화

“안경은 의료기기다”

나는 안경 조제와 피팅 전문가입니다

나는 '아이데코'라는 안경 브랜드 매장을 경영하고 있는 안경회사의 대표다. 아이데코는 50여 개 체인점이 있는데, 나도 직접 매장을 운영하며 안경사로서 근무도 하고 있다. 나는 30년간 안경사로 일하면서 이 일을 천직이라 생각하며 살고 있다. 체인점을 제외하고 그동안 내가 참여해서 오픈했던 안경원 매장을 합하면 20개 정도 된다. 많은 매장을 오픈하고 키워오면서 자타 공인으로 "우리 업계에서는 네가 탑이다"라는 인정을 받고 살아왔지만, 돌이켜보면 쉬운 길만 걸어왔던 건 아니다.

흔히 '10년이면 강산도 변한다'고 하는데, 그렇게 따지면 나는 변화의 파도를 세 번 거친 것이 된다. 안경 업계는 30년간 여러 번의 변화를 거쳐왔다. 워낙 경쟁이 치열하다 보니까 나는 매번 새로운 콘셉트의 매장을 시도해 왔다. 검안 시스템의 전문화, 고급 소재의 대중화, 안경테의 셀프 초이스 등 30년간 시도했던 콘셉트들은 대부분 고객들로부터 좋은 평가를 얻었고, 매출에서도 성공을 거두었다. 내가 새로운 콘셉트의 매장을 오픈하면 대체로 3년 내지 5년이면 따라하는 곳이 급격히 늘어나곤 했다. 그렇게 새로움이 보편화되고 나면 나는 또 새로운 콘셉트를 찾아 시도해야 했다.

지금 운영하는 아이데코 직영본점은 '피팅 체험'과 '예약제'를 차별화 콘셉트로 해서 운영하고 있다(안경 업계의 특수성이 있어서 '직영본점'이란 표현이 부적합하긴 하지만 편의상 그렇게 표기하겠다). 피팅(Fitting)이란 안경사가 정확한 시력검사를 통해 적합한 시력을 처방하고(쉽게 말해 도수를 정하고) 정밀한 조제 가공을 한 뒤 안경을 착용해도 편안한 시력을 유지할 수 있도록 마지막으로 안경테의 간격을 움직이는 등의 조정을 거치는 기술을 말한다. 좌우 균형이 맞지 않거나 코 아래로 줄줄 흘러내리는 것을 조절하는 것도 피팅의 일부분이다. 피팅이 잘 마무리되지 못하면 고객들은 불편함을 계속 떠안은 채 안경을 써야 한다.

그동안 내가 여러 번의 콘셉트 변신을 시도할 때마다 항상 성공할 수 있었던 것도 사실은 피팅에서 고객들의 불만이 거의 없었기 때문이라 생각한다. 피팅은 안경 업계에서 그동안 외면되어 왔던 영역인데, 내가 피팅 체험을 콘셉트로 매장을 하겠다고 결심한 결정적인 계기가 있다.

나는 젊은 직원들을 통해서 세상의 변화를 느끼기도 하지만, 고객들을 통해서 세상의 변화를 파악할 때가 많다. 고객 만족도를 올리기 위해서는 피팅이 참 중요한데, 1년차 신입 안경사를 채용해도 잘 못하고 10년차 경력 안경사를 채용해도 피팅을 잘 못해서 답답해하던 어느 날이었다. 오랫동안 단골이던 고객의 말을 듣고 나는 충격에 빠지고 말았다.

"피팅을 해달라고 해도 안 해줘요"

그 고객은 난시가 심한 분이었다. 직업은 교사이고 5년 전쯤 처음 만난 이후로 우리 매장에만 오는 고객이었다. 지금 내가 운영하고 있는 아이데코 직영점은 의왕시에 있는데, 얼마 전 이 분이 서울로 이사를 갔고 그곳에서 안경을 맞췄다. 그런데 문제가 있었는지 주말이었던 어느 날 우리 매장에 와서 "테만 좀 바꿔 달라"고 요청했다.

고객이 내놓은 안경은 선글라스였다. 이전에 우리 매장에서 맞췄던 것인데 상태가 엉망이었다. 5년 전 제품이었기 때문에 테가 없어서 고객의 요청을 그대로 들어줄 수는 없었다. 대신 제안을 했다. "그러지 말고 피팅을 봐드릴 테니까 그냥 쓰세요." 내가 손을 좀 보면 될 것 같아서 당장은 피팅을 해서 쓰고 나중에 새것으로 맞추는 게 좋을 것 같았다. 심한 난시 탓에 도수를 정하는 것만이 문제가 아니라 세밀한 부분까지 맞춰줘야 했다. 코 받침의 각도, 귀 붙임, 안경 다리의 벌림 폭 등 피팅을 어떻게 하냐에 따라 시력까지 달라질 수 있었다. 피팅이 제대로 돼 있지 않은 안경을 쓰면 몸이 예민하게 거부할 수도 있는 상태였다.

정성껏 피팅 작업을 한 후 고객 얼굴에 100% 딱 맞게는 아니어도 90% 정도는 만족할 만큼 교정할 수 있었다. 그랬더니 이분이 만족해하면서 가방에서 안경을 1개 더 꺼냈다. "사장님 사실은 1개 더 있어요. 이것도 좀 봐주세요." 이사 간 집 앞에 있는 안경원에서 맞춘 건데 그 안경만 쓰면 머리가 아파서 도저히 못 쓰겠다는 것이다. 도수는 똑같이 했다고 하는데 맞질 않는다고 했다. 우리 매장에서 맞춘 게 아니라서 미안해서 안 꺼내고 있다가 부탁을 해본 것이다. 아마도 수많은 사람들이 같은 경험을 한 적이 있지 않을까 싶다.

안경을 보면 원인을 알 수 있기 때문에 내가 봐주기로 했다. "이거 맞출 때 피팅 안 하셨나요? 도수는 똑같아도 피팅을 안 하면 도저히 못 쓰니까 다시 봐드릴게요." 내가 그렇게 말하고 피팅을 마치자, 안경을 써보고 만족한 고객이 이렇게 응답했다. "사장님, 요즘 젊은 안경사들은 피팅을 해 달라고 해도 안 봐줘요. 사실 봐준다고 해도 잘 못하는데 어떡해요."

그 말을 듣는 순간 사태의 심각성을 절감했다. 그래도 명색이 교사라는 직업을 가진 분인 데다가 억지스러운 트집을 잡는 분이 아니었다. 안경사를 평가하는 그분의 시선에서 나는 안경 업계의 현실을 절실히 깨달았다. 이사하기 전의 동네까지 멀리 찾아와 부탁하고 있는 그분도 딱해 보였다. 옆에 있던 고객의 남편이 "당신은 이제 무조건 여기 와야 된다"며 한마디 보탰다.

"나는 불편한데 안경사는 자꾸 괜찮대요"

안경을 맞추면서 예민한 손님을 대할 때 안경사들은 흔히 설득하려는 태도를 보인다. 이건 이래서 괜찮고 저건 저래서 괜찮다는 것이다. 안경을 쓰는 당사자가 불편하다고 하는데도 안경사가 자꾸 아니라고 하면서 손님을 압도하려고 하는 것은 문제가 있다. 그들은 그저 손님이 "까탈스럽다"고 결론을 내리고 싶은 것뿐이다. 그것은 피팅을 손이 아니라 입으로 하고 있는 것이다. 이럴 때 손님이 그냥 쓰겠다고 하는 것은 안경사의 말이 맞기 때문이 아니라, 그 안경사가 피팅 실력이 없다는 것을 알아차렸기 때문이다. 안 되는 일에 더 이상 에너지 쓰기가 싫어서 손님이 먼저 물러서는 것뿐이다.

고객 입장에서 이렇게 피팅이 잘 안 된 안경은 계속 쓸 수도 없고 안 쓸 수도 없는 참 난감하고 불편한 물건이 된다. 그럴 때 할 수 있는 일은 좀 더 큰 매장을 찾아가서 피팅을 부탁하는 것이다. 그런데 큰 매장에 가더라도 해결이 되진 않는다. 마침 피팅을 잘하는 안경사를 만나면 다행이지만, 그렇지 않은 사람을 만나면 어차피 상황은 똑같다.

이래서 안경사가 전문성을 인정받지 못하고 그저 물건 파는 장사꾼처럼 돼버린 것이었다. 이걸 깨닫고 주위를 둘러보았더니 다들 비슷비슷하게 그렇게 하고 있었다. 우리 매장에서 일하는 직원을 봐도 검안 쪽으로는 아주 박학다식하고 관심도 엄청나게 많지만, 피팅과 조제 기술은 영 마음에 들지 않았다. 안경을 맞추는 것인지, 그저 안경을 씌우는 것인지 피팅이라는 개념을 제대로 알고나 있는지 의심스러운 모습이었다.

많은 안경사들이 피팅이라고 하면 그저 고객이 안경을 편하게만 쓰면 된다고 막연히 생각한다. 그런데 사실 피팅은 광학적 요소와 해부학적 요소를 함께 고려하지 않으면 안 되는 작업이다. 고객이 어딘가 꽉 껴서 아프다고 한다든가 어지럽다고 하면 많은 안경사들이 '안경'을 살펴본다. 안경을 낀 '사람'은 살피지 못하는 것이다. 이 점을 잘 이해하고 파악할 수 있다면 연차가 낮아도 피팅 기술을 연마하는 데에는 큰 문제가 되지 않는다.

번호표 뽑는 안경원을 하고 싶다

대구·경북을 중심으로 퍼져 있는 무극안경(26개 가맹점), 티타늄 안경테의 바람을 일으킨 전국 프랜차이즈 아이데코(55개 가맹점), 공장형 안경 체인인 쓰리팩토리(13개 가맹점) 등이 2021년 10월 현재 우리 회사가 보유하고 있는 브랜드들이다. 여기에 하나 더, 교육 사업으로 한국안경아카데미를 운영하고 있다. 피팅 체험형 매장을 구상하면서부터 직원들에게 체계적인 피팅 교육을 해주기 위한 매뉴얼을 짰는데, 나중에는 그 대상을 업계 전체로 확장한 것이 한국안경아카데미의 강의들이다.

그동안 나는 누구보다 앞서서 미래에 대한 준비를 했고 남들보다 한발 앞서는 전략으로 성공했다고 자부한다. 시대의 변화와 소비자의 마음을 읽어내려고 노력해 왔고, 여러 번 비즈니스 콘셉트를 바꾸면서 여기까지 왔다. 그건 지금도 마찬가지여서 향후 미래에 대한 변화를 여전히 고민하고 있다. '다음에는 무엇을 해볼까?' '어떻게 해야 고객이 만족할까?' 생각하고 또 생각한다. 그런데 내가 안경사를 처음 시작했던 30년 전의 소비자와 지금의 소비자를 비교해보면 참으로 많은 차이가 있는 걸 느낀다. 한마디로 엄청나게 똑똑해졌다. 어떤 때는 나보다 더 많은 지식과 정보를 가지고 있어서 깜짝깜짝 놀란다. 그러니 웬만해서는 고객을 만족시키기가 쉽지 않다.

2015년 의왕시에 아이데코 직영점을 열 때도 마케팅 콘셉트를 고민하고 있었다. 그러다가 안경의 '소재'에 집중하게 됐다. 새로 안경을 맞추는 사람들은 흘러내림이 없는 무겁지 않은 안경테를 선호한다. 안경에 돈을 쓸 때 주로 가벼움을 선택 기준으로 삼는 것이다. 그러나 가벼운 건 비싸다. 대중적인 걸 찾는 매장에서 너무 비싼 것만 있으면 가격 저항이 생긴다. "안경이 왜 이런 것밖에 없죠?"라는 소리를 듣게 된다.

가볍고 좋지만 비싸서 고객들이 선뜻 다가가기 어려운 소재로 티타늄을 떠올렸다. 당시 티타늄 소재 안경테는 보통 13만 원 정도였는데, 그것을 저렴하게 판매하는 걸 콘셉트로 하기로 했다. 제조도 같이 하고 있기 때문에 안경 공장에서 좋은 소재의 안경테를 저렴한 가격에 제공할 수 있었다.

우리 매장은 1, 2층으로 되어 있고 3층에는 사무실이 있다. 브랜드 이름인 아이데코를 1층 간판으로 달고, 2층에는 '티타늄 안경테 49,000원'이라고 눈에 띄도록 간판을 붙였다. 시중가에 비하면 3분의 1 가격으로 공급하는 것이었다. 그리고 3층에는 '안경공장'이라고 써놓았다. 가격을 싸게 줄 수 있는 이유를 적어놓은 셈이었다.

지나가던 사람들은 '티타늄 안경테 49,000원'과 '안경공장'이라는 글씨만 보고 모여들기 시작했다. 안경원 이름은 보지도 않고 들어온 사람도 있었다. 처음 방문하는 고객들 중에는 티타늄을 알고 있는 사람도 있었지만, "티타늄이 뭐예요?" 물어보는 사람들도 있었다. 그러나 안경테 소재에 대해 사람들이 아는지 모르는지는 중요한 것이 아니었다.

안경공장에서 '셀프 초이스' 하세요

나는 아이데코를 처음 구상할 때부터 사람들로 북적이는 매장이 되기를 원했다. 수십 년간 안경 업계에서 웬만한 비즈니스 콘셉트는 다 해본 상태였지만, 조금은 색다른 도전을 해보고 싶었다. 그래서 적용했던 시스템이 '줄 서서 번호표 뽑는 안경원'이다. 이것은 지금까지도 유지되고 있다.

가끔 줄이 길게 늘어선 식당을 보면 이해가 잘 가지 않았다. 번호표를 뽑아들고 기다리면서까지 음식을 먹는다는 것이 의아했다. 어떤 맛이길래 기다리면서까지 먹으려고 할까 개인적으로는 이해가 가지 않았지만 뭔가 이유가 있어 보였고, '나도 저걸 꼭 해보고 싶다'는 생각을 했다. 문제는 '어떻게 하면 이걸 구현할 수 있을까' 하는 점이었다. 어떻게 하면 번호표를 뽑고 기다릴 만큼 고객들이 자극이 될까? 고민해봤지만 어려웠다. 소비자들은 똑똑하고 현명해서 웬만한 전술로는 먹히지 않을 것이다.

고민 끝에 2층 공간을 '셀프 초이스'로 콘셉트를 잡았다. 이것은 인근의 보통 안경원과는 반대였다. 고객이 오면 진열대에서 마음에 드는 안경테를 두세 개 골라서 써보고 구매 결정이 끝나는 것이 보통 안경원의 패턴이었다. 그런데 우리 매장에서는 2층에 직원이 딱 1명만 있기 때문에, 따라다니는 직원 없이 안경테를 셀프로 고를 수 있다. 직원 없이 안경을 고객이 직접 골라야 하니까 인건비를 줄여 저렴하게 판매할 수 있다는 콘셉트의 구현이기도 했다.

처음엔 걱정했는데 고객들은 의외로 아주 좋아했다. "요거 꺼내주세요", "저거 보여주세요" 할 필요 없이 여러 개의 안경을 마음껏 써볼 수 있기 때문이다. 다른 매장은 부담스러운데 여기는 너무 좋다는 것이다. 아이데코를 처음 오픈하고 6개월 정도 지나자 번호표는 위력을 발휘했다. 손님이 줄을 서서 기다려야 할 정도로 많았다. 번호표가 없었다면 직원들이 적었기 때문에 아마도 손님을 감당하지 못했을 것이다.

번호표를 뽑으시라고 했더니 처음에는 이상하게 생각하면서 화를 내는 사람이 많았는데, 나갈 때쯤 되면 미안하다고 사과하는 사람도 있었다. "왜 번호표를 뽑아야 되는지 알겠어요. 대단한 안경원입니다" 하고 가는 분도 있었다.

"안경원이 무슨 예약이에요?"

피팅 체험 콘셉트인 지금의 아이데코에서도 번호표는 대활약하고 있다. 피팅 매장으로의 전환을 위해 1년의 테스트 기간을 거쳤는데, 그때는 코로나19로 인한 사회적 거리두기가 시행 중인 상황이었다. 그래서인지 사람들은 번호표를 뽑는 것에 대해 오히려 고마워했다.

그리고 매장의 효율적인 운영을 위해서 또 한 가지 도입한 것이 있는데, 그것은 예약제였다. 2020년 9월부터 피팅 체험 매장으로 변신하면서 아이데코는 예약제로 바뀌었다. 번호표 뽑는 것에 적응하는 시간이 걸렸던 것처럼 고객들의 인식을 바꾸는 데는 3년 정도 걸릴 것으로 예상한다. 그런데 코로나19 덕분인지 예약제에 대해서도 거부감이 별로 없었다. 코로나19가 인식을 바꿀 수 있는 좋은 여건이 된 셈이다. 사람들은 혹시 예약제인지 모르고 왔어도 "안경원이 무슨 예약이냐"고 화를 내는 대신에 "아 그래요? 다음부터 예약하고 와야겠네요" 하고 만다. "다음에 예약하고 오시면 우선순위로 최대한 빨리 해드리겠습니다. 지금은 손님이 좀 많아서 오래 기다리실 수 있습니다" 하고 이야기하면 다들 이해해준다.

피팅 경험을 콘셉트로 하는 안경원으로 탈바꿈하고 1년 후 점검해봤을 때 "소비자 반응은 엄청났다"고 평가할 만하다. 만족도 100%라고 해도 좋을 정도다. 안경을 10년, 20년 껴왔다는 고객들도 안경을 맞출 때 거울이 달린 의자에 앉아 자신의 두상에 맞춰 피팅이 진행되는 과정은 처음 봤다고 한다. 어떤 고객은 이렇게 이야기했다. "사장님 진짜 머리 잘 쓰셨네요. 어떻게 이런 생각을 하셨어요. 여기 오니까 대우 받는 것 같아요."

심상사성(心想事成), 내가 가장 믿고 실천하는 말 그대로 된 것이다. 마음먹은 대로 된다는 뜻이다. 사람은 무엇이든 생각하는 대로 이루어진다. 이제 안경 업계가 피팅을 중요시하는 환경이 조성된다면, 그것은 소비자에게도 좋은 일이고 안경사에게도 좋은 일이 될 것이다. 안경사들도 사실은 전문가로서 인정받고 싶은 욕구에 목말라 있다고 생각한다.

그저 먹고만 살 수 있다면 만족이었다

내가 책을 쓰겠다고 결심한 이후로 지난 일들을 돌아보려니까 고생했던 생각이 나면서 나도 모르게 울컥하는 순간이 있었다. 주책없이 어떤 때는 눈물이 쭉 났다. 그리고 스스로에게 말해주었다. "너 참 대단하다!"

나는 어렸을 때 '뭘 하면 먹고살 수 있을까?' 고민하곤 했다. 주위를 둘러보고 아무리 생각해봐도 나는 가진 게 너무 없었다. '밥만 먹고살았으면 좋겠다.' 이것이 고등학생 때 나의 인생 목표였다. 생활보호대상자에 풍족한 집안도 아니었고 소아마비로 몸이 불편해서 막노동을 할 수도 없었다. 아무리 생각해도 답이 없었다. 어떻게든 장가는 가서 아들이나 1명 낳고 소박하게 살았으면 좋겠다는 것이 내 소원이었다.

그러다가 고등학교 때 담임선생님께서 말씀하셨다. "안경사 제도가 생긴다고 하니까 안경광학과 가서 졸업하고 안경원이라도 하나 하면 밥은 먹고살지 않겠냐." 밥은 먹고살 수 있다는 그 말에 나는 무조건 이걸 해야겠다고 결심했다. 그 당시 우리 동네 안경원을 지나갈 때면 그렇게 크지 않은 매장이었는데도 안경사들이 넥타이를 매고 일하는 모습이 멋있어 보였다. 진짜 깔끔한 직업이라고 생각했다.

그렇게 나는 스무살에 안경사가 되었다. 안경사 면허증 2기인데 초창기라서 그랬는지 시험도 쉬웠던 것 같다. 면허증 취득 후 대구에서 직원으로 3년 반 동안 일했다. '내 매장을 하나 하고 싶다'는 게 그때 나의 유일한 꿈이었다. 그러나 아무리 꿈을 품고 있어도 자금이 없었기 때문에 그저 막연한 꿈에 불과했다.

그러던 어느 날 유리창을 닦다가 문득 이런 생각이 들었다. '이 소중한 젊은 날과 시간을 남을 위해 낭비할 수는 없고 내 인생을 위해 시간을 쓰자.' 5월쯤의 봄날이었던 것 같다. 사장님은 매장에 나오지 않고 주무시고 계시고 나는 일찍 출근해서 아침부터 매장의 유리창을 닦고 있었다. '내 젊은 청춘을 나를 위해서 써보고 싶다. 젊었을 때 내 장사 한번 해보자. 만약에 망하면 그땐 평생 직장생활을 하면 된다.'

1993년 용기를 내어 고향인 군위로 내려가서 처음으로 7평의 내 매장을 열고 사업자등록증을 냈다. 고향인 군위에서 안경원을 시작한 것은 그래도 비빌 언덕이 있으면 도움이 될 것이라 생각해서였다. 스물세 살에 독립해서 안경원 사업을 하는데 믿을 건 혈연뿐이었다. 군위는 일연 스님이 《삼국유사》를 집필했다는 인각사로 유명한 곳인데, 서울보다 넓긴 하지만 인구는 2만 5천여 명에 불과한 아주 작은 군(郡)이다. 대도시에서는 자본이 없으니까 매장 오픈에 엄두를 낼 수 없었고, 맨 땅에 헤딩하는 것보다는 그래도 고향 땅에 발붙이고 시작하는 것이 좋겠다 생각했다.

특별한 재주는 없지만 눈치는 있다

군위로 내려가서 매장을 열었을 때 나의 목표는 '5년 뒤 대구로 진출한다'는 것이었다. 실제로 군위에서 안경원을 운영한 기간은 4년 반 동안이었고, 고향 후배였던 직원에게 매장을 팔고 1997년 대구로 입성했다.

대구에서는 친구 1명과 동업을 했다. 당시 3억 원짜리 가게를 인수했는데, 1억 5천만 원씩 나눠서 자본금을 만들었다. 우리가 인수했던 매장은 영남대학교병원 앞이었고 대학교 선배가 운영하던 곳이었다. 대구 지역에서는 '경북대 다음은 영남대'라는 인식이 있었던 데다가 매장 입지도 참 좋았다. 정면이 15m 정도로 넓어서 우리 눈에는 정말 대단해 보이는 자리였다.

매매 계약을 하기 전에 매장을 보러 갔을 때 선배는 매장 안으로는 들어오지 못하게 했다. 가게가 인수된다는 소문이 퍼지면 좋을 게 없다는 것이 이유였다. 우리는 외관만 보고 바로 "오케이" 해버렸는데 지금 생각하면 참 무모했다. 선배니까 믿어야지, 하는 마음에 인수 후의 하자보수는 생각지도 못한 것이다. 그때 당시 내가 가진 것이라곤 자신감뿐이었나 보다.

나중에서야 매장을 직접 보니까 기계도 노후됐고 물건도 별로 없었다. 관리도 안 돼 있었고 한마디로 아주 엉망이었다. 게다가 대구로 오자마자 5개월쯤 후에 IMF 외환위기가 터졌다. 빚은 많았고 돈도 별로 없는데 어떡하나 싶었지만 스물일곱 젊은 혈기에 '열심히 해보자' 다짐하는 수밖에 없었다. 친구와 나는 함께 3년 반을 미친듯이 일했다.

관리가 안 돼 있던 대구 매장에서 성공적인 매출을 만들어낼 수 있었던 비결은 아마도 고객이 원하는 것을 빠르게 캐치해내는 능력이 발휘되었기 때문인 것 같다. 어렸을 때는 항상 '어떻게 되겠지' 하는 막막한 마음으로 살았던 내가 이렇게 안경사라는 번듯한 직업을 가지고 먹고살고 있는 걸 보면, 아무리 가진 게 없는 사람이라도 찾아보면 누구나 잘하는 것 하나쯤은 가지고 있는 게 아닐까 생각한다. 나에게 그것은 사람을 읽을 수 있는 능력인 것 같다.

어려서부터 나는 남의 눈치를 살피고 남의 말에 신경 쓰며 자랐다. 그래서 그런 건지는 모르겠지만, 사람들이 하는 말과 행동을 보면 그의 생각을 어느 정도 파악할 수 있다. 고객이 무엇을 원하는지 어떻게 하면 좋아할지 누구보다도 빨리 알아차리곤 한다. 현장에서 일하다 보면 고객의 심중을 살피지 않고 그냥 자기 기준대로 해버리는 사람들이 많다. 엉망이던 대구 매장이 자리를 잡을 수 있었던 것은 입지가 좋았기 때문이기도 했지만, 고객 한 사람 한 사람 정성을 다하고 원하는 걸 눈치 채고 재빨리 해결해주었던 덕분이라고 생각한다.

나는 안경사이자 비즈니스맨이다. 고객 상담을 하면 이 사람이 뭘 원하는지 빨리 캐치하는 감각이 있어야 한다. 직원 교육을 할 때 나는 이것을 '끼'라고 말한다. 고객의 심중을 파악하기 위해서는 상대를 살펴야 하는데, 그저 자기 방식대로 끌어당기면서 사람들은 '설득'이라고 말하는 경향이 있다. 안경원에서는 특히 이 설득이 많이 이루어지는데 이건 좋지 않은 모습이다.

아주 많은 종류의 상품과 아주 많은 경우의 고객들이 있기 때문에 사실 안경 장사는 어렵다. 말의 톤, 억양, 옷 입은 모양새, 냄새 등 모든 사람은 다르다. 그것들 전체를 빨리 파악해서 이 사람이 긍정적인 사람인지, 부정적인 사람인지 알아차려야 한다. 말을 걸어보고 대화를 해봄으로써 충분히 알 수 있다. 그 다양성에 맞춰 긍정적인 사람과 대화할 때, 부정적인 사람과 대화할 때 모두 다르게 응대해야 한다. 그 차이점을 알지 못하면 오래 가지 못한다. 사람의 다양성을 감안하지 않고 그 사람이 원하지 않는데 내가 팔고 싶은 걸 팔거나 세밀한 부분을 조정해주지 않으면 불만족이 생긴다. 한 번은 그렇게 팔 수 있을지 몰라도 그 고객은 결코 재방문하지 않을 것이다.

목표를 작게 세우면 이루기가 쉽다

내 경험에 의하면 꿈과 목표를 뚜렷하게 가지면 성장하기도 쉬워진다. 작은 가게 하나 하는 것이 나의 첫 소원이었다. 인생이라는 게 멀리 보면 어떻게 될지 모르기 때문에 큰 목표를 세우기보다 작은 목표를 잡는 것이 좋았다. 가까운 시일 안에 달성하기 쉬운 목표를 정하는 것이다. 그것을 이루고 나서 조금 더 높은 목표를 잡는 식으로 하니까 다짐했던 일들은 꼭 이루어낼 수 있었다.

군위에서 5년 후 대구로 진출하겠다는 목표를 이루었고, 대구로 오면서 세웠던 목표도 결국엔 이루었다. 군위에서 처음엔 '월 매출 1천만 원'이 목표였다. 동업으로 첫 매장을 시작하자마자 외환위기가 터졌지만, 친구와 나는 정말로 열심히 일했다. 쉬는 날도 거의 없이 일했다. 아마도 이때가 내 인생에 있어 가장 열심히 일했던 시기일 것이다.

다음엔 '칠곡에 새로운 안경원을 연다'는 것이 목표였다. 대구에서 첫 매장을 하면서 일 때문에 군위에 갔다가 대구로 돌아올 때면 칠곡이라는 곳을 꼭 지나치곤 했다. 그곳을 지나다니면서 '여기에 꼭 안경원을 열어야지' 다짐했는데, 대구에서 첫 매장을 시작한 지 3년 반 만에 칠곡에도 매장을 열었다. 어려운 상황에 부딪히는 일도 있었지만 그때마다 돌파구를 찾을 수 있었던 것은 사람과 세상에 대한 관심을 놓지 않았기 때문인 것 같다.

그리고 '대구에서 1등 하겠다'는 다음 목표를 이루었다. 첫 매장을 시작한 지 10년 만에 대구에서 자타가 인정하는, 누구나 알아줄 만한 1등 매장을 갖게 된 것이다.

"어디가 잘돼?" 세상을 리딩하는 법

특별한 손재주 없이 태어났어도 나는 안경사 업무를 남들보다 잘하고 있다고 자부한다. 원래부터 남들보다 잘했던 것이라기보다는 부족하더라도 연구하고 개발해 나만의 장점을 찾으려고 노력했던 결과다.

대구 영남대학교병원 앞에서 안경원을 할 때부터 '대구 1등 안경원'이라는 목표를 이루기까지 기본적인 습관으로 항상 되풀이하던 질문이 있다. 외무 영업사원들이 우리 매장에 방문하면 "요즘 어디가 잘돼? 요즘 누가 잘해?"라고 물어보는 것이었다. 외무 영업사원은 안경 렌즈, 안경테 등 안경원에 필요한 물건들을 공급하는 회사에 소속된 사람들이다. 판매를 위해 전국 각지의 도매점, 소매점을 다니면서 일한다. 사무실 밖에서 새로운 고객을 찾거나 기존 사업장들이 판매를 늘릴 수 있도록 돕는 역할을 한다. 그들은 제품 지식을 갖추고 있을 뿐 아니라 워낙 여러 곳을 다니기 때문에 업계의 정보통, 소식통이기도 했다.

"어디가 잘돼?" "누가 잘해?" 이 질문에 대해 외무 영업사원은 이런저런 이야기를 해주는데, 매출이 많은 곳도 있고 규모가 큰 곳도 있고 경영을 잘하는 곳도 있었다. 여기서 내가 원하는 정보는 경영을 잘하는 곳이었다.

세상에는 배울 곳이 많고도 많다

나는 잘되는 매장이 있으면 무엇을 잘하는지, 왜 잘되는지 직접 찾아가서 보고 연구해서 나에게 적용할 수 있는 것을 찾아내고 부족한 것을 벤치마킹하곤 했다. 소개를 받아서 직접 만나기도 하고 매장을 방문했던 적도 있다. 술이나 밥을 사주면서 배우기를 청했던 것도 여러 번이다. 그때마다 '와! 세상에는 고수들이 참 많구나!' 하는 감탄사가 저절로 나왔다.

내가 모르는 것, 내가 전혀 생각지도 못했던 부분을 알고 있거나 실행하고 있는 곳이 정말 많았다. 이 고수들은 항상 자기만의 기준과 원칙과 고집이 있었다. 정확하고 명확한 자기만의 기준으로 매장을 운영하고 항상 다른 곳과의 차별화로 무장되어 있었다.

그럴 때마다 '나는 뭐가 있지?'라고 스스로에게 물었다. 그걸 찾는 건 그리 쉬운 일이 아니었다.

대구에서 친구와 처음 매장을 오픈할 당시 우리가 했던 안경원은 대우안경백화점 체인점이었다. 두번 째 오픈한 체인점은 '1001 안경'이었다. 전국 각 지역에 체인점이 있었고 그 지역을 대표하는 안경원 점주들이 함께하는 모임도 있었다. 한 달에 한 번 지역별로 돌아가면서 모임을 가졌는데, 전라도, 충청도, 경상도, 서울 등 전국 각지의 비슷한 또래들이 모이면 많은 것을 배울 수 있었다. 상품 이야기부터 여러 방면의 사업 운영방식도 배웠다. 지금 생각하면 그분들에게 고맙다는 생각이 든다. 그 시절에 다양한 간접경험과 체험을 통해서 내가 많이 업그레이드된 것 같다.

나는 지금도 "어디가 잘돼?"라는 질문을 한다. 요즘은 블로그가 활성화되어 있기 때문에 직접 만나지 않아도 어느 정도 잘되는 매장은 간접경험을 할 수 있다. 그 속에서 젊은 친구들의 다양한 방식을 보고 배워서 적용할 때도 있다.

사실 '어디가 잘되는지'보다 중요한 것은 '왜 잘되는지' 이유를 분석하고 이해해서 내 것으로 만드는 것이다. 사람들은 보통 잘되는 곳을 보면 감탄하는 것이 끝이다. 그것을 자기 것으로 만드는 데까지 옮겨가지 않는다. 그저 남의 일이라고 생각하고 변화하지 않는다. 겁내는 것이라고 하는 게 맞을 것 같다. 잘되는 곳을 보고 있는 순간에는 당장 자신도 뭐라도 할 것처럼 반응하지만, 막상 자기 자리로 돌아가면 잊어버리고 원래의 방식대로 살아간다.

특별히 잘난 것 없이 태어난 내가 남보다 잘하는 것 하나가 있었다면, 그것은 잘되는 곳의 장점을 내 식으로 바꾸는 실행력이었을 것이다. 나보다 뛰어난 고수들을 찾아다니다 보니까 그걸 배우면서 어느새 나도 모르게 고수가 되어 있었다.

대형화, 가격파괴 속에서 전문화를 추구하다

대구에서 매장을 오픈할 당시 안경 업계에는 대형화 바람이 불었다. 매장의 크기가 점점 커지고 있었고, 1995년 이후로는 가격파괴 바람도 서서히 불고 있었다. 당시 대우안경백화점은 이 두 가지를 모두 충족시키는 매장이었다.

경영의 관점에서 매장의 대형화는 공간의 크기를 늘리는 것이기 때문에 사실 실행에 어려움이 있는 것은 아니다. 자본만 있으면 누구나 할 수 있다. 가격파괴도 역시 마찬가지로 자본만 있으면 누구나 가능한 일이다. 내가 경영자로서 시도하고 싶었던 것은 따로 있었다. 안경원이라는 곳의 특수성을 감안했을 때 전문화를 실현해내고 싶었다.

하루는 우리 매장으로 독일계 회사인 자이스(Zeiss) 코리아 전무가 방문했는데, 나는 습관처럼 물었다. “요새 어디가 잘해요?” 그

때 그가 알려준 곳이 있었다. 서울의 어느 안경원인데 1, 2층으로 되어 있는 매장이고 아주 잘된다고 했다. 꼭 한 번만 볼 수 있도록 소개해 달라고 간곡히 부탁했다.

친구와 함께 서울에 올라가 직접 그 안경원을 방문할 수 있는 기회를 드디어 잡았을 때 내 가슴은 설렘이 한가득이었다. 안경원 1층은 그리 큰 곳은 아니었다. 2층에서 주로 판매가 이루어지고 있는데, 그 안경원 2층에 올라가는 순간 나는 완전히 다른 세상에 온 것처럼 정신이 번쩍 들었다. 말끔한 얼굴에 하얀 가운을 입고 직원들이 일하고 있었다. 그곳에 자이스 검안기가 풀 세트로 자리해 있었다. 그 당시 내가 하고 있는 안경원과는 완전히 다른 독일식 시스템이었다.

독일 자이스 검안 기계들은 엄청 크고 웅장하면서 비주얼이 압도하는 바가 있었다. 또 내가 한 번도 듣지도 보지도 못한 자이스 폴라테스트(Polatest)란 기계도 구경할 수 있었다. 우리가 하는 검안보다 한 차원 높은 양안시검사를 할 수 있는 세계 유일의 검안기였다.

"이거 얼마예요?" 하고 물어보니 풀옵션으로 1억 2,500만 원이란다. 전국에 5대밖에 없다고 했다. 나 같은 촌놈 눈에 그건 정말 대단해 보이는 구경이었다. 1층에 넓게 자리한 매장도 아니고 공간이 협소해 2층으로 공간 분할이 돼 있는 곳인데 이렇게 잘될 수 있나 싶을 만큼 장사가 잘됐다. 지금 생각해봐도 대단한 사장님이었고 대단한 안경원이었다. 요즘 안경원과 비교해봐도 전혀 손색이 없을 정도로 완벽한 최고의 시스템이었다.

그날 대구로 돌아와서 일을 하는데 내 머릿속은 이미 그 독일식 검안 시스템에 사로잡혀 있었다. 퇴근하고 집에 돌아와서도 눈에 자꾸 어른거리는 바람에 애를 먹었다. 그날 밤 나는 잠을 이루지 못했다.

안경원을 전문화시킨 독일식 검안 시스템

독일식 검안기 풀세트를 보고 나서 잠을 못 이루던 다음날 나는 바로 자이스 코리아 전무에게 전화를 했다. "나도 그 검안기를 도입해보고 싶다"고 고백했다. 그때 내 모습은 마치 첫눈에 반한 여자를 소개해 달라고 떼를 쓰는 남자 같았을지도 모른다. 동업하는 친구가 반대를 했는데, 가격이 너무 세다는 것이 이유였다. 하지만 나는 저걸 들여야 앞으로 우리의 미래가 있다며 밀어붙였다. 말은 그렇게 했어도 역시 문제는 돈이 없다는 것이었는데, 나는 일단 부딪혀 보기로 했다.

자이스 코리아는 당시에 백화점, 대형 매장, 매출 규모가 큰 매장 등을 골라서 거래하던 곳이었다. 자본이 없는 안경원에서 구매 시도를 하기가 힘든, 한마디로 큰물에서만 놀던 회사였다. 나는 담당자와 술을 한잔 하면서 부탁했다. "제가 꼭 그 검안기를 우리 안경원에서 사용해보고 싶습니다. 그런데 솔직히 돈이 없습니다. 매달 벌어 분납해서 갚아나가는 식으로 해주면 안 되겠습니까?"

1억 2,500만 원이라는 검안기 가격은 큰돈이었지만 글로벌기업인 그 회사에게 1억 2,500만 원은 충분히 투자할 수 있는 돈이라고 판단했기 때문에 자신있게 요청했다. 그들 입장에서 서울 수도권은 자리를 잘 잡고 있는 지역이었지만, 대구·경북 지역은 영업 불모지인 셈이었다. 그들에게는 대구·경북 지역을 키워서 시장을 넓혀야 한다는 목표가 있었다. 내가 자이스 검안기를 도입하고 매출이 잘 나오면 그들에게는 영역이 넓어지는 일이었다.

그때 자이스 코리아는 대구·경북 지역에 안테나 샵(Antenna shop)이 필요했던 시기였다. 안테나 샵은 제조사가 소비자의 제품 평가를 파악하거나 타사 정보를 입수하기 위해 운영하는 매장이다. 그들과의 이해관계가 맞아떨어졌기 때문인지 오케이 사인이 떨어졌다. 서울 본사에서도 서로 윈윈하자며 흔쾌히 승낙했다고 한다. 그들도 얻는 것이 분명히 있으니 투자해볼 만했을 것이다.

검안기에 앉는 순간 압도당하는 웅장함

1997년이었던 당시에나 지금이

나 우리나라에서 가장 많이 사용하는 검안기는 탑콘(Topcon), 니덱(Nidek) 같은 일본 브랜드다. 지금은 안경사 입장에서 다양한 선택지들이 늘어났지만, 당시에는 휴비츠 같은 한국산이 없었고 일본 브랜드가 시장을 장악하고 있었다.

독일의 자이스는 우리나라를 공략할 때 대중적인 시장을 공략하지 않았다. 마케팅 타깃은 상위 클래스에 있었고, 백화점이나 각 지역의 시내 중심지에 있는 유명한 안경원을 타깃으로 했다. 거래를 시작할 때 초기 비용으로 3천만 원은 준비해야 할 정도였다.

30년 전에 안경원을 차리는 데 6천만~7천만 원이었으니 적은 자본금으로 시작하는 안경원은 엄두도 내지 못할 일이었다. 검안기뿐 아니라 안경렌즈에서도 마찬가지였다. 안경사들 사이에서 자이스는 꿈의 안경렌즈였다. 소비자들도 이걸 선택하는 순간 "나 자이스 썼어"라는 우월감을 느낄 수 있었다. 평범한 일반 안경원에서는 구비되어 있지 않았기 때문에 자이스는 고급 렌즈로서의 유명세가 있었다.

반면에 일본 검안기는 대중적으로 보급하는 시장을 타깃으로 했다. 나는 일본 브랜드 검안기를 쓰고 있었는데 그런 건 들여놔봐야 차별화가 되지 못했다. 독일 검안기를 보면 일본 검안기에는 없는 기능이 있었다. 시력검사를 할 때는 굴절검사와 양안시검사가 있다. 우리의 눈은 2개로 돼 있지만 우리가 인식하는 물체의 상은 하나다. 그래서 두 눈이 따로 보고 있는 상을 하나로 융합하는 능력을 검사하는데, 이것이 양안시검사다. 두 눈의 정렬 상태가 어긋나 있다면 물체가 흐릿해 보이거나 물체의 상이 둘로 보일 수도 있다. 이것이 보정되지 않으면 두통, 눈부심, 눈의 피로, 눈의 통증 등이 있을 수 있다. 반면에 굴절검사는 쉽게 말해서 도수를 검사하는 것이다. 따라서 굴절검사와 양안시검사 두 가지를 모두 고려해야 완벽한 시력검사가 될 수 있다. 가장 보편적으로 쓰던 일본 검안기들은 굴절검사만 가능한 기계들이었다.

그러나 자이스는 굴절검사와 양안시검사가 모두 가능한 검안기들이 있어서 한 차원 레벨이 높다고 할 수 있다. 독일은 마에스터 제도가 있어서 우리나라보다 검안이 훨씬 발달돼 있었다. 글로벌 시장으로 봤을 때는 미국과 독일이 양대 산맥을 이루고 있었고, 확실히 차별화돼 있었다. 일본은 아기자기하게 만든다면 독일은 웅장하게 만든다는 특징이 있었다. 검안기에 앉으면 크기부터 달라 보인다. 사소하게는 의자부터 시작해서 모든 것이 압도하는 분위기다. 고객들을 여기에 앉혀놓고 시력검사를 해주면 이제까지 해보지 못했던 서비스를 받는 느낌이 딱 났다.

너넨 굴절검사만 해? 우린 양안시검사도 해

우리 매장에 자이스 검안기를 들

여오자 주변에는 금세 소문이 쫙 퍼졌다. 첫 반응은 다들 "미쳤네"였다. 그 돈이면 당시에 안경원을 하나 낼 수 있는 자본이었기 때문에 같은 업계 사람들이 바라보는 시선은 긍정적인 것만은 아니었다. 그래도 나는 신경쓰지 않았다. 자이스 검안기를 들여놓은 때부터 더 많이 공부했고 세미나도 다니면서 전문성을 높이기 위해 노력했다. 특히 양안시 공부를 많이 했다. 그 당시 대부분의 안경원들은 구형의 수동식 검안 시스템을 사용하고 있었다. 학교에서 아이들이 시력검사를 할 때 쓰는 한천석 시력표를 이용한 옛날 방식의 검안이었다. 시력검사표를 보고 일정 거리에 서서 한쪽 눈을 가리고 숫자나 도형이 보이는지 안 보이는지 확인해서 시력을 측정하는 그런 방식이다. 그랬던 대구 고객들이 독일식 검안기로 굴절검사와 양안시검사까지 해주자 만족도가 매우 높았다.

새로운 검안을 경험해본 고객들은 그동안 한 번도 받아보지 못했던 독일식 검안 시스템의 경이로움에 탄복했다. 90도 인사를 하면서 고맙다고 하는 손님도 있었다. 매출도 늘었고 고객 수도 늘었지만, 무엇보다 고객 만족도가 커졌다는 것이 가장 중요한 부분이었다. 어떻게 보면 고객들의 만족한 모습을 보고 있던 나의 만족감이 더 컸던 것 같다. 당시 고객들의 신기해하는 눈빛과 감탄사가 지금도 생생하다. 안경사로서 보람을 많이 느꼈는데, 전문가로서 사람들에게 도움을 줄 수 있다는 점이 크게 작용했다.

전문화된 검안 시스템으로 인해 우리 매장은 소비자에게 점점 이미지가 좋은 매장으로 굳어졌고, 안정화될 수 있었다. 이후로 대구 지역에는 검안기 붐이 일었다. 5년 정도 지나자 안경원마다 검안기가 없는 집이 없을 정도가 되었다. 검안기는 독일 자이스뿐 아니라 일본 검안기나 다른 경쟁사 검안기도 있었기 때문에 따라하는 것처럼 보이기 싫은 사람들은 다른 회사 기계를 쓰기도 했다. 주변에서 '어, 저기는 검안기를 들여놓더니 엄청 성공했네. 나도 한번 해볼까?' 하는 바람이 분 것이다. 그래서 기계상들은 나에게 고맙다는 인사를 농담처럼 전하곤 했다.

매장의 전문화라는 변화는 그렇게 성공적으로 안착됐다. 소비자들에게 그것은 좋은 서비스를 받는 것으로 인식되었다. 이전까지 경험해보지 못했던 것들에 대해서 사람은 누구나 신기한 마음이 들고 고마운 마음까지 들기 마련이다. 물론 이제는 기계나 시설이 모두 대중화되면서 전문화된 검안 시스템은 당연한 일이 되었다. 이 안경원을 가든 저 안경원을 가든 어디서든 경험할 수 있는 일이라 더 이상은 신기해하지 않는다. 소비자는 경험해봤던 것에는 감동하지 않는다. 비슷한 경험에 대해서도 감동하지 않는다. 별 차이를 모르기 때문이다. 확실한 차이를 줬을 때 "아, 좋다"고 이야기한다. 비슷비슷하거나 조금 더 좋은 것으로는 고객들의 마음을 움직일 수 없다. 독일식 검안 시스템의 우수성은 이후에도 계속해서 많은 도움이 됐다.

2nd Change

고급화

"한 분 한 분 최선을 다하라"

동업이란 2배의 힘을 만들기 위한 것

사람들이 살아가면서 많이 하는 말이 있다. “내 마음 같은 사람이 없다!” 이 말은 사람들의 생각이 그만큼 서로 다르다는 뜻이다. 우리는 항상 누군가와 엮여 있고 그 상태로 또 다른 엮임으로 이어져 서로서로 연결되어 있다. 갈등이 있더라도 상대방의 생각과 고민과 의견을 듣고 서로 이해하면서 살아가는 것이 가장 현명한 것 같다.

동업을 하면서 이해관계를 서로 만족시키는 것이 얼마나 어려운지 알게 되었다. 동업을 시작할 무렵 집안에서는 웬만하면 동업은 하지 말라 하셨다. 하지만 나는 “옛날 어른들과 우리 세대는 다르다”면서 걱정하지 마시라 안심시켜 드리고 동업을 시작했다.

3년 반을 함께 일했을 즈음 우리는 매장을 하나 더 오픈하게 됐다. 내 고향인 군위에서 대구로 가려면 칠곡이라는 곳을 통과해야 했는데, 지금은 대구로 편입된 곳이다. 여기 1지구에 새로운 매장을 오픈한 것이다. 2명의 안경사가 2개의 매장을 경영하면서 이익은 똑같이 나눠 갖는 구조였다. 대구 영남대병원 앞에서 함께 첫 매장을 열었을 때부터 이것은 동업의 원칙으로 세운 것이었다. 똑같이 투자금을 내놓고 똑같이 지분을 나눠가져야 같이 열심히 할 수 있다는 것이 내 생각이었다.

지분을 똑같이 나누기 위해서는 초기 자본금을 둘 다 똑같이 준비해야 했다. 친구가 5천만 원 정도 돈이 모자랐지만, 나는 모자란 만큼 지분을 다르게 책정하지 않았다. 지분은 반반씩 똑같이 하고, 친구에게 모자란 금액만큼 내가 돈을 구해서 빌려주는 형식을 취했다. 그 금액은 매장 오픈 후에 돈을 벌면 친구가 채워넣으면 되는 것이었다. 지분이 달라지는 순간 상하(上下)가 가려지고 적은 지분을 가진 쪽은 일을 느슨하게 해도 된다는 마음이 생길 것이고, 그건 실패로 이어질 것이 뻔했다.

내가 그를 동업자로 선택한 이유

군위에서 안경원을 하다가 대구로 진출하겠다고 결정한 이후, 큰 매장을 혼자 힘으로 성공시키기에는 힘이 부족했기 때문에 나의 부족한 부분을 채워줄 수 있는 사람으로 대학 동기인 친구에게 동업을 제안했다. 그 친구 또한 헝그리 정신이 있는 친구였다. 경북 의성군에서 태어나서 홀어머니 밑에서 어렵게 살아온 친구였다. 같은 처지에 뜻이 같으니까 당연히 함께 윈윈할 수 있다는 생각으로 의기투합했다.

지금 생각하면 안경사로서 일했던 시간 중 그 친구와 함께 일했던 시절이 가장 기억에 남는다. 어렵고 힘들었지만 가장 열심히 했던 시절이었다. 장사도 가장 열심히 했고 사람도 가장 많이 만났고 술도 가장 많이 먹었던 때였다. 서로 어려운 처지였기 때문에 큰 트러블 없이 함께 같은 방향을 보고 걸어갈 수 있었다.

대부분의 사람들이 동업을 한다고 하면, 사장이 2명이니까 한 사람씩 서로 돌아가면서 사장 역할을 하면 훨씬 수월하고 쉽겠다는 말을 한다. 그러나 나는 절대 그렇게 생각하지 않는다. 동업이란 사장은 2명이지만 두 사람이 똑같이 보스(boss)처럼 일해야 의미가 있는 것이다. 반반씩 힘을 보태 쉽게 가는 것이 아니라 2배의 힘을 만들어 확실하게 가는 것이다. 나는 그 생각을 자주 말했고 우리는 실제로도 그렇게 했다. 우리는 직원들 출근할 때 똑같이 출근하고 직원들 쉴 때만 똑같이 쉬었다.

한 번은 친구가 너무 힘들다고 말한 적이 있다. "왜 두 사람이 다 나와서 고생해야 되노? 니가 일찍 나온 날은 내가 하루 쉬고 내가 일찍 나온 날은 니가 교대로 쉬면 체력적으로도 좋고 시간도 여유롭지 않겠나?" 그렇게 불평했지만 나는 절대 안 된다고 답했다. 두 사람이 똑같이 일을 해야 오래 같이 갈 수 있다고 설득했고 협조를 구해서 원칙을 유지했다.

칠곡 1지구에 매장을 하나 더 내기로 결정했을 때였다. 함께 일하고 있는 직원이 영남대병원 매장의 지분을 사겠다고 제안했다. 사실 우리가 새로운 매장을 오픈할 자금이 여유로웠던 것은 아니었는데 마침 그런 제안을 해주어서 받아들였다. 평상시에도 협조적인 후배 안경사였고 장사도 안정적으로 잘 되고 있어서 별 탈 없이 3분의 1씩 지분을 서로 나누고 함께 안경원을 운영하기로 했다. 일하면서 서로의 의견과 생각은 조금씩 달랐지만 그래도 서로 존중하면서 열심히 했다.

그렇게 영남대병원 앞의 매장은 3명이 지분을 갖게 됐고, 칠곡 1지구의 매장은 처음 동업하던 친구와 함께 2명이 지분을 갖게 됐다. 첫 매장은 동업자 친구와 새로 합류한 후배가 상주해서 운영했고, 새로운 매장은 내가 맡아서 운영하기로 했다. 젊었던 우리는 에너지와 열정이 넘쳐흘렀다. 동업이었기 때문에 다른 매장을 각자 관리하고 있어도 총 매출을 계산해서 다 같이 나누는 것이 원칙이었다. 한 곳이 잘 되면 다른 곳이 부진해도 위험 분산이 됐기 때문에 좋은 전략이었다.

칠곡 1지구의 새로운 매장 콘셉트를 잡을 때 나는 고급화 전략을 내세웠다. 독일식 검안 시스템을 성공시켜 봤기 때문에 자신감도 있었다. 당시 모든 안경원들은 시내에 몰려 있었다. 그러나 나는 외곽 지역에도 고급 손님은 있다고 생각했다. 그 사람들을 타깃으로 잡아야 한다고 생각했다.

밤에는 사람보다 벌레가 더 많이 지나다니는 외곽 지역에서 매장 인테리어를 화이트 톤으로 전부 덮었다. 불도 엄청 환하게 밝혀서 지나가면 우리 매장밖에 안 보일 지경이었다. 첫 매장에서 도입했던 자이스 검안기를 새로운 매장으로 옮겼고, 2000년대 초반이었던 당시에는 백화점에서만 볼 수 있었던 수입 안경테를 도입했다. 샤넬, 아르마니 등의 제품을 들여오고 백화점보다는 가격을 조금 낮췄다.

둘이 셋이 되자 이해관계가 달라졌다

새로운 매장을 오픈한 지 3개월 정도 지났을 무렵이었다. 매출이 잘 나오지 않아 나는 애를 먹고 있었다. 명품 안경테를 싸게 내놓고 있었는데도 손님이 들어오면 왜 이렇게 비싸냐고 눈이 동그랗게 커지곤 했다. 고가 제품을 접해 보지 않은 사람들에게는 낮춘 가격도 낯설었던 것이다.

그 때문에 점점 영남대병원 매장의 이익이 칠곡 1지구 매장으로 투자되기 시작했다. 어느 달에는 이익금이 없을 때도 있었다.

동업자가 가지고 가는 수익금이 줄어들자 점차 마음이 흔들렸던 모양이다. 하루는 동업자 친구가 “너와 더 이상 함께 못하겠다”며 이제 그만 동업을 정리하고 헤어지자고 했다. 그러지 말고 같이 열심히 해보자고 나는 설득하려고 했다.

칠곡 1지구에서 같이 일하고 있던 직원이 이야기를 전해 듣고 이런 말을 했다. “선배님, 절대로 놓치면 안 됩니다. 거긴 알짜배기입니다. 이곳을 살리려면 영남대 매장이 꼭 필요합니다.” 사실 영남대병원 매장은 대구 시내에서 3등 안에 꼽히는 오래된 안경원이었다. 크고 위치도 최상이고 대학병원 앞이어서 유동인구도 많았다. 매장 두 군데를 모두 유지해야 새로 오픈한 매장이 버티면서 돌파구를 찾을 수가 있었다.

나는 초심으로 돌아가 잘 해보자고 다시 설득하기 위해 영남대병원 매장으로 세 번을 찾아갔다. 그런데 동업자 두 사람은 나를 상대해주지 않았다. 만나주지 않았고 자리에 없다면서 전화도 받지 않고 나를 피했다. 설득에 실패한 나는 체념하고 동업을 정리하기로 했다. “동업을 깨고 싶다면 영남대병원 매장은 내가 하겠다”고 하니까 “니가 나보다 능력이 출중하니 칠곡에 오픈한 매장을 니가 해라”며 막무가내였다. 자리도 잡아놨고 장사도 잘 되니 어찌 보면 당연한 선택이었다. 아무리 그래도 이제 오픈해서 새로운 고객을 끌어와야 하는 고생길이 훤한 매장을 나 혼자 하라고 하니 참으로 답답하고 서운했다.

처음 동업을 시작하기 직전이 떠올랐다. 우리는 서로의 돌아가신 아버지 산소에 가서 서로의 아버지께 열심히 해서 둘 다 성공하겠다고 약속했다. 그때 생각이 나면서 하늘이 무너지는 것 같았다. 한 번도 생각해보지 않은 일이었다. 그렇게 믿고 함께했던 친구인데 나중에 들어온 후배와 같이 나를 배격하다니 배신감까지 들었다. 내가 얼마나 많이 도와주고 챙겨줬는데! 인생이 너무 허무했다. 힘겨운 일을 넘어갈 때도 친구가 있어서 의지가 됐는데 그런 친구가 내 곁을 떠난다고 생각하니까 마음이 너무 힘들었다.

동업으로 '웬수'가 되지 않으려면

동업을 끝내기로 결심하기 전 나는 하루 밤을 꼬박 새우며 깊은 생각에 빠졌다. 무엇이 문제일까? 친구는 왜 그러는 걸까? 나는 앞으로 어떻게 하지?

젊었을 때부터 나는 욕심이 있었다. 돈을 많이 벌고 싶은 것보다는 안경 업계에서 성공하고 싶었다. 안경이란 존재가 너무너무 감사했기 때문이다. 어릴 때부터 나는 소아마비로 다른 사람들과는 다르게 세상을 좀 불편하게 살아왔다. 이런 내가 먹고살 수 있게, 일할 수 있게 해준 안경이 너무나 감사하기 때문에 꼭 이 업계에서 인정받고 싶은 욕심이 있었다. 그래서 창업 초기부터 안경으로 돈을 벌어도 다른 곳으로 한눈팔지 않고 이 업계에 꼭 도움이 될 수 있는 일을 하겠다고 스스로에게 약속하곤 했다.

예전에는 매장 문을 열면 제일 먼저 안경에게 고맙다고 인사를 했다. 안경이 말은 못하지만 너무 고마워서 절을 하면 직원들이 보고 웃곤 했다. 그 마음은 지금도 변화가 없다. '만약 안경이 없다면 내가 뭘 하지?'라는 생각이 든다. 정말 안경이 없었다면 나는 먹고 살지 못했을 것이다.

이 생각 저 생각으로 괴로워하던 내가 결국에 내린 결론은 이랬다. '그래! 나 싫다고 가는 놈 굳이 내가 잡아서 같이 할 필요가 없다.' 동업하다가 칼부림도 날 수 있다는 세간의 경고가 실감나는 순간이었지만, 그런 일까지 벌어지게 할 순 없었다. 나는 영남대병원 매장의 지분을 돈으로 돌려받았고, 나머지는 그들이 원하는 방식대로 조건 없이 해주기로 했다. 자이스 검안기를 들이고서 갚아야 할 돈이 남았는데 그것도 역시 내가 떠안았다.

투자금을 돌려받으면 다시 열심히 해서 성공할 수 있다고 마음을 다잡았다. 어차피 인생은 혼자 가는 것, 이제부터가 진짜 홀로서기의 시작이라고 생각했다. 그 이후로 '앞으로 절대 동업은 하지 않는다'고 정했고 지금까지도 그 결심을 지키고 있다.

동업의 장점을 최상으로 끌어올리는 법

동업은 쉬운 것 같지만 참으로

어려운 것이다. 많은 사람들이 동업을 하지만 결국 동업 때문에 '웬수'가 된다. 그래서 옛어른들은 웬만하면 동업하지 말라고 하시는 것 같다. 동업은 돈도 잃고 사람도 잃는다고 한다. 맞는 말인 것 같다. 주위를 보면 동업하던 많은 사람들이 끝이 안 좋았다. 내 주위에도 그런 친구나 선후배들이 많다.

함께 걸어가던 동업자가 적이 되는 현상은 끝을 생각하지 않고 영원히 함께하겠다는 허황된 미래를 꿈꾸기 때문이다. 나 또한 예외가 아니다. 동업하던 친구와 나는 20여 년 동안 교류와 연락이 전혀 없었다. 얼마 전에 문자가 한 번 오긴 했는데 부탁할 일이 있다고 하면서 술 한잔하자고 요청하는 걸 정중히 거절했다. 뒤끝이 있어서 그런 건 아니다. 그 친구와의 인연은 벌써 끝났고 더 이상 엮이는 게 좋은 판단은 아닌 것 같아서다. 문자를 본 순간 잠시 옛 추억이 스쳐가긴 했는데 격세지감이 느껴졌다.

내가 동업을 끝낸 이후로 후배나 지인들이 찾아와서 동업을 하기로 했는데 조언을 부탁한다고 하면 내 경험의 깨달음으로 해주는 말이 있다.

첫째, 동업은 기한을 정해서 하라는 것이다. 3년 또는 5년을 헤어지는 시점으로 설정하는 것이다. 아무리 길어도 5년은 넘기지 말라는 것이 나의 주장이다. 그 시간 동안 전력을 다해 열심히 일해서 매장을 하나 더 오픈한 뒤 2개의 매장을 하나씩 맡아서 각자의 길을 가는 것이 베스트다. 처음부터 그렇게 계획하면 사람도 잃지 않고 돈도 잃지 않는다.

대부분의 사람들이 동업을 계획할 때 친구나 선후배와 함께 한다. 그러다 보니 마음이 잘 맞고 잘할 수 있다면서 영원히 동업을 지속할 것처럼 생각한다. 그것이 바로 불행의 시작이 된다. 3~5년 정도 지나면 상대방의 장단점을 너무나 잘 알기 때문에 멈춤의 사인이 나타난다. 그 멈춤이 아름다운 멈춤일 때 새로운 도약이 되고 새로운 발전이 될 수 있다.

둘째, 열심히 해서 2개의 매장을 키웠다면 이것을 배분하는 문제를 생각해야 한다. 두 사람의 지분을 나눌 때 정확하게 똑같이 나눌 수는 없다는 점을 인지하라. 내가 더 손해보는 것 같은 생각이 들더라도 담대하게 받아들일 수 있는 용기를 가져야 한다.

사람은 누구나 자신은 손해보지 않으려고 하는 것이 인지상정이다. 그러나 헤어질 때 너무 나만 손해를 안 보려고 하면 마무리를 할 수 없다. 그게 가능해야 아름다운 멈춤이 될 수 있다. 현 시점에서 2개 매장의 자산가치를 측정한 뒤 한 사람이 둘 중에 하나를 먼저 선택하는 대신 뭔가를 내놓는 양보의 조건을 제시하도록 하면 공평하다. 잘 헤어지는 법은 내가 손해를 좀 보더라도 좋게 헤어지는 것이다. 지금은 손해 보는 것 같아도 나중에 돌아보면 그것이 결코 완전한 손해는 아니다. 이 점은 확신을 가져도 좋다.

나의 경우를 봐도 그때에는 정말 힘들었지만 손해 보는 사람이 될 수 있었던 용기가 지금의 나를 있게 한 것 같다. 손해를 감당할 수 있는 배짱과 확신으로 무장한다면 반드시 먼 훗날 그 손해를 보상받을 수 있을 것이다. 그때의 용기와 확신 덕분에 내가 지금 그 친구보다 조금 더 나은 성공을 이루었다고 생각한다.

만약 3~5년 후 2개의 매장을 만들어내지 못했다면 어떻게 해야 할까? 한 사람은 매장을 가지고 한 사람은 투자금을 받아서 나가야 한다. 그럴 때는 한 사람이 먼저 자산가치를 산정해서 제시하는 것으로 한다. 예를 들어 월 매출 5천만 원이면 자산가치를 5억 원이라고 산정하는 것이 업계의 룰이라고 하자. 그래도 누군가는 자산가치가 4억 원이라고 생각할 수도 있고, 장사가 잘 되니까 6억 원은 된다고 생각할 수 있다. 헤어지고 나가고 싶은 한 사람이 먼저 6억 원을 자산가치로 산정해서 절반인 3억 원을 주면 자신이 빠지겠다고 했다 치자. 상대방도 그 금액에 동의한다면 합의는 끝나지만 그 금액이 너무 많다고 생각한다면 "그 3억 원 나에게 주면 내가 나갈게" 하면 된다.

욕심이 과하거나 자산 평가를 하면서 둘 다 서로 자기 주장만 하면 접점은 찾기 힘들다. 1명이 자산 평가를 하되, 상대방도 불만이 없을 정도의 금액을 제시한다면 무리가 없을 것이다.

변두리에서 고급화를 외치다

대구에서 친구와의 동업을 정리하고 내가 운영하게 된 매장은 사람들이 많이 모이는 다운타운이 아니었다. 예전에는 안경원 하면 시내 중앙에 위치해 많은 사람들이 오가는 곳에 있었고, 고급 안경 하면 거의 다 백화점에 집중되어 있었다. 외곽의 변두리에 있는 안경원은 그냥 동네 장사라고 봐야 했다. 학생들이 맞추는 안경이나 저렴한 안경을 주로 판매했다. 하지만 나는 이런 생각을 했다. '왜 고급 안경원은 시내에만 있어야 되지? 외곽에서 수입품을 팔면 안 되나? 동네에도 잘살고 부유한 소비자는 분명히 있을 텐데……. 외곽의 안경원에서는 수입품이나 고급 제품을 찾을 수 없으니까 시내 백화점으로 가는 것은 아닐까?'

그런 생각으로 외곽에 위치한 안경원에서 고급화 전략을 짰던 것이다. 명품 수입 안경들을 갖춰놓았고 독일식 검안 시스템을 그대로 가지고 와서 오픈했다. 인테리어도 고급스러운 느낌을 주기 위해 완전히 화이트 톤으로 해서 주변 상가 중에서 가장 밝고 깨끗한 느낌의 매장으로 했다. 차를 타고 지나가면서 멀리서도 무조건 우리 안경원은 보일 수밖에 없었다.

그런데 막상 오픈을 하고 나니 쉽지가 않았다. 수입품 가격을 백화점보다 30~40% 저렴하게 붙여놓고 영업했는데, 고객들에게 아무리 설명을 해도 그냥 "구경 잘했어요!" 하고 나가는 경우가 많았다. 그것은 동업하던 친구를 불안하게 했던 원인이기도 했다. '걱정하지 말자. 차츰차츰 좋아질 거다.' 마음을 달래면서 많은 생각을 했다. 어떻게 하면 고객들의 마음을 돌릴 수 있을까? 직원들과 회의를 했지만 가격적인 장벽에 대한 대안이나 뚜렷한 해결책은 나오지 않았다. 그래서 우선은 너무 조급하게 생각하지 말고 한 손님 한 손님 정성을 다해보자 생각했다.

"안경 맞추러 시내까지 갈 필요 없네"

그리고 직원과 함께 판매 전략을 세밀하게 짜는 데 집중했다. 무엇보다 여기서 제공하는 제품과 서비스가 비쌀 만하다는 생각을 심어줘야 했다. 1단계, 고객이 오면 어떤 고객이든 무조건 검안실로 안내하고 독일식 검안 시스템을 확실하게 체험하게 해서 만족시킨다. 2단계, 검안에 만족한 고객에게 안경테를 보여주고 판매한다. 이런 프로세스를 만들었다. 그전에는 고객이 먼저 안경테를 구경하고 있으면 아무 말 없이 고객이 하는 대로 그냥 두었다. 그러나 프로세스를 만들고 나서는 검안 시스템으로 고객이 만족하고 나면 그제서야 진열대로 와서 안경테를 보여주었다. 풀 코스 검안을 받는 데 30분 이상 투자하기 때문에 완전히 차별화할 수 있었고, 이제껏 한 번도 받아보지 못한 검안 시스템에 고객은 만족할 수밖에 없었다.

그렇게 바꾼 다음부터는 고객들에게 "비싸다"는 말이 거의 나오지 않게 되었다. 고객이 스스로 만족하면 가격적인 부분은 문제가 되지 않음을 확신할 수 있었다. 그렇게 조금씩 입소문을 타고 한 명씩 한 명씩 고객이 증가하기 시작했다. 그 동네에서 좀 잘산다 하는 사람들이 소개로 오기 시작했다. "안경 맞추러 복잡하게 시내까지 갈 필요가 없네!" 하면서 만족해했다. 그런 말을 듣는 순간 내 판단과 전략이 그대로 맞아가고 있다는 생각이 들었다.

대구는 안경의 메카인 도시다. 세계 3대 안경 생산지로 꼽히는 우리나라 안경 산업의 중심지이며, 국산 안경테의 85%를 생산하는 곳이다. 전국에서 안경광학과가 처음으로 생겨서 안경사들을 많이 배출하기도 했다. 그런 대구에서 안경원들의 경쟁은 다른 어떤 도시보다 치열했다. 그런 곳에서 나는 전문화되고 고급화된 안경원을 외곽 지역에서 성공시킨 것이다. 이것을 계기로 해서 대구·경북 지역에서 나는 유명세를 탔다.

장사는 다음을 기약하는 것

대구동부정류장이 있던 만촌동이라는 곳이 있다. 이곳에서도 나는 매장을 연 적이 있다. 2002년쯤에 그곳은 허허벌판이었는데, 사거리 건너편에 여관 건물이 있었다. 그리고 청구건설이라는 회사에서 아파트를 짓는다는 말이 돌고 있었고 그와 동시에 회사가 부도나서 개발이 될지 안 될지 모른다는 말도 돌았다. 나에게 그곳을 소개한 사람은 건너편 여관 건물이 리모델링을 한다며 추천해주었다. 당시에 그곳은 "거기서 안경원 매장이 되겠냐"고 사람들이 의심할 만큼 주변에 아무것도 없었다. 하지만 나는 칠곡 1지구 매장을 매매하고 그곳에 똑같은 콘셉트로 화이트톤의 고급 인테리어를 갖춘, 명품 안경을 파는 매장을 오픈했다. 사람들의 예상과 달리 그곳 안경원은 생각보다 잘됐다. 게다가 2~3년이 지나자 이마트가 들어왔고 아파트가 들어서기 시작했다. 허허벌판이었던 그곳은 지금 완전히 바뀌어 있고 많이 개발된 곳으로 변모해 있다.

나중에는 지인들이 이렇게 말하곤 했다. "니가 매장만 들어가면

3년쯤 지나 그곳이 다 개발된다아이가. 니 알고 들어갔나?" 결과만 놓고 보면 내가 뭔가를 미리 알고 있었던 것으로 보였겠지만, 그때의 시점에서 보면 내가 벌인 일들은 사실 무모한 도전이었다. 내가 무슨 신도 아니고 개발될 자리를 어떻게 미리 알겠는가. 그저 성공시킬 수 있다는 나만의 확신이 있었을 뿐이다. 자리를 볼 줄 안다기보다 절박한 상황이 매장을 잘 되게 하는 방향으로 나를 등 떠밀었던 것 같다. 맨땅에 헤딩하는 상황에도 자신감만은 있었다. 인테리어, 제품군 선택, 입지 같은 것도 중요하지만, 현장에서 고객 응대 경험이 쌓이다 보니까 물밑에서 수많은 데이터가 내 안에 차곡차곡 누적되면서 큰 흐름이 보였던 것 같다.

그리고 무엇보다 고객 한 사람 한 사람 최선을 다했던 것이 변두리 지역에서도 고급화 매장을 성공시켰던 비결이었다. 충분한 자본 덕분에 성공하거나 기술만 있으면 성공할 수 있는 일은 분명 아니었다. 소비자와의 인간관계를 생각하고 마음을 헤아리는 감각을 키우지 않았다면 실패했을 것이다. 장사는 고객 한 사람이 오면 그 사람이 다음에 또 올 수 있게 만드는 것이 핵심이다. 보통 장사에 실패하는 사람들은 다음을 안 본다. 오로지 지금만 바라볼 뿐이다. 나는 '어떻게 하면 이 사람에게 팔 수 있을까'라고 생각한 적이 없다. 목표는 항상 '어떻게 이 사람을 다음에 또 오게 만들까' 하는 것이었다. 그것이 변두리 외곽에서도 고급화 매장을 성공시켰던 비결이다.

'최소 투자 최대 성과'는 헛소리

나는 경영을 따로 배운 적도 없고 회사에 다녀본 적도 없다. 장사를 시작한 건 20대부터라서 어려운 일이 생기면 도움을 청할 곳이 없다. 가끔 답답한 일이 생기면 서점에 가서 경영에 관한 책을 들춰보곤 하는데, 막막함을 해소하기 위한 것이다. 내가 봤던 거의 대부분의 책에서는 '최소의 투자로 최대의 성과, 최대의 이익을 보는 것'이 경영의 원칙이고 경영을 잘하는 것이라고 나온다. 이론적으로는 분명 맞는 말이다. 그런데 소매 매장을 운영하는 나같은 사람에게는 맞지 않다는 생각이 들었다.

나의 경험과 원칙에 의하면 투자 없는 이익과 성과는 있을 수 없는 일이다. 이런 생각은 사실 자연의 법칙에서 배운 것이다. '뿌린 만큼 거둔다', '콩 심은 데 콩 나고 팥 심은 데 팥 난다' 같은 말들이 있다. 농부가 농사를 지을 때 봄에 씨앗을 뿌려야 가을에 결실을 맺는 것은 당연하다. 씨앗은 투자이고 열매는 성과이다. 그런데 씨앗을 조금 뿌렸는데 열매를 많이 맺을 수 있을까? 우리는 마음속에서는 아닌 걸 알면서도 '혹시 그런 방법이 있을지도 모르잖아' 생각하며 그 방법을 찾아다닌다. 적은 씨앗에서 많은 결실을 맺길 바라는 것인데, 그것은 자연의 섭리에 어긋나는 것이라고 생각한다.

매장에 투자하는 것도 과감하게 최대한 빨리 해야 한다고 생각한다. 대신 투자를 덜 해도 되는 부분도 있다. 개인적인 사치와 집에 대한 투자는 최소한으로 한다. '오로지 매장과 고객의 입장에서 생각해 투자를 아끼지 않는다.' 나는 그런 원칙을 지키고 있다. 롱런을 위한 것이다. 지금도 매장에 투자하는 것은 남들보다 앞장서서 하고 있다. 한발 빠르게 투자하는 것이 원칙이다. 성공하고 발전하는 데는 물질적인 투자와 정신적인 투자가 함께 이루어져야 함을 잊지 않고 있다.

"일단 광고하고 나중에 갚겠습니다"

칠곡 1지구 매장에서 초기에 매출이 잘 안 나오고 있을 때 대구의 유명한 광고 기획사 한 곳과 연결되었다. 광고를 해야 하는데 돈이 없어서 곤란한 상황이었는데,

마침 영업하러 온 사람도 회사에 실적을 내야 하는 상황이었다. '내가 지금 운이 좋구나'라는 생각이 들었다. 눈치를 보아하니 그는 광고기획사 대표의 아들로 경영수업 중인 것 같았다. 능력을 증명해야 하는 상황이었던 것이다. 우연한 만남이었지만 서로 윈윈할 수 있을 것 같았다.

"광고를 하고 싶은데 돈이 없습니다. 광고비를 후불로 해주면 어떻겠습니까? 보다시피 내가 대형 매장을 하고 있으니까 광고비 떼어먹을 일은 없습니다. 매달 분할해서 벌어서 갚을게요. 당신도 실적을 내야 하니까 대표님께 보고를 해보면 어떻겠습니까?"

그렇게 그가 대표를 설득했고 5천만 원 상당의 광고를 선불 없이 집행해주었다. 수만 세대가 입주해 있는 칠곡 지구의 아파트 전역에 엘리베이터 거울 광고를 했는데, 그 회사 입장에서는 나에게 투자를 한 셈이었다. 지금은 거울의 공간을 쪼개서 3개씩 광고를 넣는 경우가 많은데, 그전에는 그렇지 않았다. 우리가 집행한 광고는 꽉 찬 단독 광고였다. 주민들이 엘리베이터를 타고 오르내릴 때 우리 안경원은 반드시 노출될 수밖에 없었다. 그때의 협상은 기획사에도 우리 안경원에도 크게 플러스로 작용했다.

신도시의 젊은 층을 사로잡은 전략

새로 오픈한 매장에서 돌파구를 찾기 위해 나는 고객들 한 사람 한 사람에게 최선을 다한다는 원칙을 세우고 지켰다. 당시 칠곡 지구는 젊은 층이 많이 사는 신도시였는데, 하루는 한 여성 고객과 이야기를 나누고 있었다. 내가 군위가 고향이라고 했더니 "어, 제 동생 남편이 군위에서 자동차 세일즈를 해요"라고 했다. 알고 보니 이분은 내가 군위에서 안경원을 할 때 단골이었던 분의 처형이었다. 나중에 그녀는 우리 매장의 결정적인 키맨이 되어주었다. 이분은 백화점에서 명품 안경을 구매하는, 그야말로 내가 생각한 소비자의 전형이었다. 샤넬, 에트로 같은 것도 좀 갖다놓으라고 직접적인 조언을 해주었는데, 당시 백화점이나 시내 고급 매장에만 공급하는 샤넬을 공급받기 위해 끈질긴 제안을 한 끝에 결국 거래를 틀 수 있었다. 이 마당발 고객은 마치 홍보대사처럼 소개를 많이 해주었고 톡톡히 도움을 주었다.

매장에 오는 한 분 한 분에게 최선을 다함과 동시에 나는 '고객들을 감동시켜야겠다'는 생각을 했다. 고가의 제품을 구매하는 고객들이 확실한 만족감을 느낄 만한 방법을 찾아보기로 했다. 딱히 방법이 생각나지 않아 고심하던 중 안경원 뒤쪽에 생긴 꽃집에서 왔다며 한 분이 안경을 맞추러 왔다. 나는 그분과도 윈윈하기로 했다.

그의 매장은 뒷골목 상권인 데다가 오픈한 지 얼마 안 됐기 때문에 매달 안정적인 매출을 올릴 수 있는 거래처가 있으면 좋을 것이라 생각했다. 그에게 틈틈이 시간 날 때마다 꽃다발을 만들어서 우리 안경원 VIP 고객들에게 배달을 해달라고 요청했다. 꽃 배달을 모든 고객들에게 다 해줄 수는 없었기 때문에 금액을 정해서 그 이상 구매했던 고객들에게 감사의 메시지와 함께 배달하기로 했다.

이 꽃다발 아이디어는 젊은 새댁들을 타깃으로 한 전략이었는데, 꽃다발을 받은 고객들은 너무나 고마워했고 한 번도 경험해보지 못한 서비스에 그들의 만족감은 한층 높아졌다. 소개에 소개가 이어지자 VIP 손님들도 한 명씩 두 명씩 늘어났으며 외곽 지역에서의 고급화 전략은 결국 성공하게 됐다.

이후 대구에서는 외곽 지역에 안경원이 급격하게 늘어나는 현상이 생겼고, 고급 안경원의 비중도 많아졌다. 결국 시장의 파이가 커졌고 너도 나도 고급화 전략을 쓰게 되었다.

"누가 잘해?"
믿고 맡길 사람을 찾는 법

지금 의왕시에서 본사 직영으로 운영하고 있는 아이데코 매장은 직원들이 10명 이상 상주하고 있는 대형 매장이다. 대구 영남대병원 앞에서 처음 대형 매장을 하게 된 이후로 나는 고객 응대를 잘해줄 수 있는 직원을 찾기 위해 항상 노력해 왔다.

사업을 하면 사람이 제일 중요하다고들 한다. 그와 동시에 제일 어려운 게 사람이다. 지금도 역시 나는 사람 때문에 고민하고 어려워한다. 그래도 이제까지 믿고 맡길 사람을 찾기 위해 항상 하는 일이 있었다. 외무 영업사원들을 만나면 "누가 잘해?"라고 물어보는 것이다. "어디가 잘해?"라고 물어보는 것은 세상을 읽기 위한 것이라면 "누가 잘해?"라는 질문은 인재 확보를 위한 것이다.

외무 영업사원들은 많은 안경원에 다니면서 많은 안경사들과 만나 대화하기 때문에 정보도 많이 가지고 있다. 개인적인 친분으로 인해 정보가 왜곡될 수도 있긴 하지만, 여러 명이 중복해서 언급하는 인물이 분명 나오기 마련이다. 그렇게 여러 사람들의 입에 오르내리는 사람이라면 확실한 정보일 가능성이 매우 높다. 그런 인물이 포착되면 그 사람과 가장 친한 친구나 선후배들을 알아보고 2차로 정보를 수집한다. 예를 들면 출신 학교, 가정형편, 성격 등을 꼼꼼히 자세하게 물어보는데, 티나지 않게 모르는 척하면서 물어보는 것이 중요하다. 가장 가까이에 있는 사람들이라면 정확한 정보와 평판을 알려줄 수 있다.

최대의 투자처는 직원이다

앞에서 고급화 매장으로 대구 만촌동의 안경원을 사례로 들었는데, 그때의 직원을 스카우트할 때도 그랬다. 그는 '대구 시내에서 가장 장사 잘하는 놈'이라고 소문이 났던 사람이었다. 그 직원은 독일식 검안 시스템에 관심이 있었기 때문에 나와 합을 맞출 수 있었다. 가정형편이 좋은 사람은 아니었는데 그 점이 오히려 더 일을 잘할 수 있는 배경이 되었다. 그 직원을 실장으로 모셔와서 매장을 살려 달라고 요청했다.

당시에 사람들은 "저긴 안경원 자리가 아닌데? 저거 장사 안 될 거다"라고 말하곤 했다. 하지만 일이란 결국 사람이 하는 것이다. 그 직원은 나의 안목을 믿었고 나는 그 직원이 잘해줄 것이라 믿었다. 나중에는 사람들이 "어라 오픈하니까 잘 되네"라고 갸우뚱거렸는데, 사람들이 놓치고 있는 점이 있었다. 바로 믿고 맡길 수 있는 사람을 잘 써야 한다는 것이다.

그 직원에 대해서도 나는 주위 평판을 확인했다. 내가 찾는 자질을 갖췄는지 나만의 확인 절차를 거치고 나서 '조금만 서포트해주면 저 친구가 매장을 살릴 수 있겠다'는 확신이 들었다. 그는 쉽게 말해 매장의 대표 얼굴이 되어 비즈니스를 세팅할 수 있는 인물이었다. 매장을 살려야 하는 시점에는 멍석을 깔아줬을 때 제대로 일을 해낼 수 있는 사람이 필요하다.

그리고 나는 전폭적인 지원을 해주었다. '최소의 투자로 최대의 성과'를 바라기보다 '투자를 해야 성과가 나온다'는 생각을 하고 있었기 때문이다. 특히 직원에 대한 투자는 돈으로 보상하는 것이 가장 효과적이라고 생각한다. "대구에서 최고의 연봉을 줄게"라는 것이 나의 투자였다. 백화점 및 고급매장에서 근무한 친구였으니 업계 최고의 대우를 해줘도 된다고 생각했다. 다른 곳에서 150만 원을 월급으로 준다면 나는 300만 원을 월급으로 주는 식이었다. 그때는 업계에서 "너 때문에 인건비 올라간다"고 욕도 많이 먹었다. 그래도 '안경 1개 더 팔면 되지' 생각하고 개의치 않았다. 결국 1년 정도 지나고 나서 주변 상권이 바뀌면서 매출도 안정됐다. 그 직원은 업계 최고의 대우를 받은 값을 충분히 해냈다.

한결같은 사람 그리고 흙수저

나는 눈여겨볼 후보군이 생기면 주위 평판을 살펴본 후에 두 가지를 확인한다. 처음에는 그 사람과 함께 술자리를 가진다. 지금 나는 술을 전혀 마시지 않지만 과거에는 엄청난 술고래였다. 밤새도록 먹고 아침에 걸어서 집으로 갈 정도였다. 지금 생각하면 객기였던 것 같다.

평판 확인이 끝난 사람과 술자리를 함께하면서 인생관이나 목표, 집안사정 같은 이야기들을 자연스럽게 대화하면서 듣는다. 내가 술자리를 마련하는 이유는 술을 먹고 난 뒤 차이가 심하게 변하는 사람들이 있기 때문이다. 그런 사람들은 절대 고용하지 않는다. 술에 취했을 때 튀어나오는 본성이 폭력적인 사람은 고객 대응에서 생각지도 못한 문제를 일으킬 위험이 충분하다.

그리고 반드시 또 확인하는 것은 그 사람의 가정 형편이다. 부유한 집인지 가난한 집인지, 한마디로 흙수저인지 금수저인지 꼭 체크한다. 나는 금수저는 절대 고용하지 않는다. 세상을 살아가다 보면 가장 필요한 것 중 하나가 헝그리 정신이라는 걸 확신하기 때문이다. 조금 올드(old)한 말이긴 하지만, 헝그리 정신이 없으면 어느 정도 이상의 것을 이루기는 불가능하다고 생각한다. 나도 헝그리 정신이 없었다면 오늘날의 내가 없었을 것이다. 옛말에 목마른 놈이 우물을 판다고 했다. 스스로 이뤄야 하는 목표가 있는 사람들은 행동이 빠르고 정확하다. 요즘에도 그건 마찬가지인 것 같다.

욕심이 있고 목표가 뚜렷하며 흙수저인 사람은 나에게 인재 일순위다. 그런 친구들은 내가 마음으로 다가서면 거의 대부분 일주일 안에 함께하겠다는 대답을 들려준다. 아마 그들도 나에 대해 알아봤을 것이다. 나 또한 그들처럼 헝그리 정신으로 무장된 사람임을 알아봤다면 함께 성장해보고 싶은 욕망이 생겼을 것이다. 이런 과정으로 채용한 경우에 지금까지 실패한 적이 한 번도 없었다.

칠곡 지구에 열었던 고급화 콘셉트의 안경원에서도 스카우트해온 직원이 함께 일했다. 그때 나는 수입품 판매를 해보지 않았기 때문에 백화점에서 근무했던 경력직이 필요했고, 그 직원은 검안 시스템을 배우고 싶어 했다. 원래 지인이었고 선후배 사이여서 믿은 것도 있지만 그도 원하는 것이 있었기 때문에 윈윈할 수 있었다.

입소문이 나자 그들이 먼저 나를 찾았다

칠곡 1지구에서 했던 안경원은 1001안경이라는 체인점이었는데, 우리나라 최초의 안경 프랜차이즈였다. 본사 대표는 참 재능 있고 좋은 사람이었는데, 형님 동생으로 지내면서 이야기도 많이 나누곤 했다. 내가 운영하던 칠곡 1지구의 안경원은 두 번째 체인점이었고 나는 초창기 멤버로서 지역 대표를 맡고 있었다. 대체로 지역의 체인점주들은 선후배일 경우가 많았는데, 지역협의회에서 10여 개 안경원 점주들을 만나서 이야기하다 보면 점주들의 마인드가 파악되곤 했다.

나는 프랜차이즈의 장점을 적은 돈을 가지고 있어도 점주들이 다 같이 모여서 큰돈을 만들면 세일즈 프로모션을 크게 할 수 있는 점이라고 생각했다. 각 매장마다 매달 회비를 20만 원씩 내면

1년에 240만 원이 되고, 10군데가 넘는 곳이니까 함께 모으면 적어도 2,400만 원짜리 광고를 할 수 있게 된다. 그런데 모든 점주들의 생각이 나와 같은 것은 아니었다. 월 회비 20만 원을 내기가 아깝다고 생각하는 것이다. "그걸 내가 왜 내? 본사에서 해줘야지"라고 말하곤 했다. 나는 지역협의회가 생기기 전에도 혼자서 몇천만 원어치 광고를 하곤 했다. 그런데 이 사람들은 십시일반 돈을 모아 크게 프로모션을 할 생각을 하지 않았다. 그런 모습들이 내 눈에는 소위 '날로 먹으려고' 하는 것으로 보였다.

체인점을 하는 진정한 의미는 작은 힘을 보태서 큰 힘으로 만들었을 때 시너지 효과를 발휘하는 것이라 생각한다. 서로에게 좋은 결과가 될 수 있기 때문에 프랜차이즈에 참여하는 것이다. 최소로 투자해도 최대로 효과를 볼 수 있다는 것은 허상일 뿐이다. 투자를 해야 거둬들이는 게 있고 그것이 자연스러운 것이다. 몇십만 원이 아까워서 씨앗을 뿌리지 않으려는 모습을 보면서 참 안타까운 마음이 들었다. 결국 이런 마인드라면 나와는 맞지 않다고 결론을 내리게 됐다.

무극안경, 프랜차이즈 사업의 시작

칠곡 1지구에서 안경원을 열고

2년 정도가 되었을 무렵 나는 독자 노선을 걷게 되었다. '1001안경' 간판을 내리고 '무극안경'으로 간판을 올렸다. 내 소유의 이름으로 간판을 내건 것이었다. 처음부터 거창한 포부를 내세우거나 하는 이유로 독자 브랜드를 내건 것은 사실 아니었다. 그저 프랜차이즈의 장점을 살리지 못하고 도전적인 투자를 할 수 없는 상황을 굳이 감내해야 할 이유가 없었기 때문이다. 그동안 광고비를 100만 원씩 썼던 매장이 10개가 모이면 1천만 원짜리 광고를 할 수 있다는 생각보다는, "그동안 광고비가 100만 원 들었는데 이제 10만 원씩만 나눠서 내면 되는 거지?" 하는 발상이 대부분이었다. 나와는 너무 맞지 않았다.

'1001안경' 간판을 버리니 내가 하고 싶은 것을 그대로 할 수 있었다. 다 같이 모여 있을 때는 남이 돈을 적게 내려고 하면 나도 안 하게 돼 있다. 나만 괜히 돈을 많이 낼 수는 없는 노릇이라 나도 소극적이게 된다. 브랜드를 버렸더니 내가 할 수 있는 활동 폭이 넓어졌기 때문에 장사는 더 잘 됐다.

그러다 2007년쯤 되었을 때 후배 1명에게 전화가 왔다. "형님, 제가 이번에 새로운 안경원을 오픈하려고 합니다. 무극안경 간판을 달고 시작하고 싶은데 허락해주시겠습니까?" 그렇게 한 명 두 명씩 아는 선후배들이 요청해오면 "그래, 달아라" 하다 보니까 예닐곱 개가 되었다. 한마디로 얼떨결에 프랜차이즈를 하게 된 셈이었다. 본격적으로 프랜차이즈 사업을 했다기보다는 소문에 소문이 나서 하나 둘씩 늘어난 것이다.

2009년 이후로는 정식으로 법인을 출범하고 프랜차이즈 사업을 시작했다. 그리고 서너 해가 지나자 대구·경북 지역에만 20여 개 가맹점이 늘어나게 됐다. 지금의 아이데코는 전국 프랜차이즈이지만, 그때 무극안경은 슬로건이 '대구·경북을 대표하는 1등 프랜차이즈'였다.

무극안경 간판을 다는 가맹점이 늘어나면서 도움이 됐던 것은 수입품을 매입할 때 공동사입으로 단가를 낮출 수 있게 된 것 그리고 대대적인 광고를 할 수 있었다는 것이다. 가맹점으로 들어오면 일단 마케팅 참여 100%를 조건으로 했기 때문에 추후에 발생하는 잡음은 없었다. 투자를 한 만큼 서로 이득을 많이 봤기 때문에 프랜차이즈의 장점을 그대로 살릴 수 있었다. 혼자서 큰돈을 들이지 않고도 더 큰 투자 효과를 본 것이다.

3rd Change

대형화 그리고 마케팅 전환

“대구·경북 1등 프랜차이즈 무극안경”

생각을 바꾸니
힘이 덜 들었다

안경원을 오래하다 보니까 지치고 힘들었던 시기가 있었다. '내가 왜 이렇게 고생해야 하지? 대체 언제까지 이런 힘든 장사를 계속해야 하나?' 매사에 짜증이 나고 일하기도 싫었다. 이런 고민을 하다 보니 잠을 자다가도 갑자기 눈이 떠졌다. 마음의 평정심을 찾고 용기를 내야겠다고 생각은 드는데, 어느 누구를 만나서 이야기를 나눠도 평정심을 찾기가 어려웠다.

그렇게 답답한 마음이 들 때마다 나는 서점에 가는 편이라 그때도 책 구경을 하러 갔다. 둘러보다가 내 마음을 울리는 제목을 찾으면 무조건 그 책을 사기로 했다. 말이란 금방 사라지고 마는 것이란 생각이 들어서 나는 책에서 답을 구하곤 했다. 그럴 땐 꼭 유명한 석학들의 책이 아니어도 된다. 어떤 책이든 좋았다. 그때그

때 내 마음 상태가 다르기 때문에 상황과 여건에 따라 어떤 책에 꽂히는지도 달랐다. 어느 때는 제목만 봐도 마음이 편안해지는 경우도 있었다.

한동안 나는 큰스님들의 책을 많이 읽었다. 나이가 든 후에는 더욱 그렇다. 가방끈이 길지 않아 철학적인 해석은 잘 모르겠지만 그분들의 생각과 전달하고 싶은 메시지는 알 수 있었다. 평정심을 유지할 수 있는 최고의 방법은 그런 책들을 읽는 것이라는 생각이 들었다. 사업하는 사람들은 평정심을 유지하기 위해 그런 습관 하나쯤 가지지 않으면 앞으로 나아가기 어렵고 더 높이 올라갈 수 없는 것 같다. 그래서 사람은 책을 만들고 책은 사람을 만든다고 했나 보다.

위기 때마다 책은 나에게 스승이었다

나는 그때 새로운 안경원을 오픈하기 위해 매장을 알아보고 있었다. 2003년경이었는데 칠곡 3지구에 신도시가 들어설 계획이었고 개발 중이었다. 입주도 많이 하지 않은 상태였는데, 건물을 막 짓고 있는 시점이었다. 처음에는 그곳에 50평 정도의 매장을 하고 싶었다. 그런데 보통 그런 지역은 처음에 들어가서 매장을 오픈하고 터를 닦아놓으면 나중에 더 큰 평수의 대형 매장이 들어와서 고객을 빼앗아가는 경우가 많았다. 그래서 나는 100평 정도는 해야 하지 않을까 생각했다.

새로운 신도시에서는 사실 모든 걸 새롭게 세팅해야 하기 때문에 고생길은 훤히 정해져 있었다. 그런데 100평 매장을 하기에는 자금이 부족했다. 게다가 앞으로 고생할 것을 생각하니 의욕이 꺾였다. 직원들은 나만 없으면 실수하고 엉망진창이었고, 사장 노릇은 참 어려웠다. 그 무렵의 나는 몸과 마음이 다 지쳐 있었다. 직원들이 애를 먹이던 기억 때문에 하기 싫은 마음이 점점 커졌다.

그냥 속 편하게 살까 하는 마음에, 계약 이야기가 오가던 부동산 업자에게 연락해서 계약서는 쓰지 않겠다고 했다. 부동산에서는 계약을 성사시키기 위해 전화가 계속 오는데 나는 마음이 떠 있어서 전화를 받지 않았다. 머리도 복잡했고 마음은 착잡했다. 그때 집에 돌아와 며칠 전 사두었던, 스님이 쓴 책 1권을 운명처럼 집어들고 읽었다. 책 속에서는 깨달은 사람의 계산법은 속세와 다르다는 이야기를 하고 있었다.

'장사꾼' 옷을 벗고 '경영자' 옷으로

어느 마을에 한 스님이 농사를 짓고 계셨다. 그 스님은 땅을 잘 일궈서 매년 농사가 잘 되고 많은

쌀을 수확해서 이익을 많이 남겼다. 그것을 보고 동네 사람 한 사람이 그 논을 팔라고 간청했다. 그래서 그 스님은 논을 팔았고, 그 돈으로 인근 야산을 구입했다.

스님은 시간이 날 때마다 야산에 가서 개간하고 씨를 뿌렸다. 그해 가을, 예전에 스님이 농사짓던 논에서는 또 풍년이 들어 많은 수확이 있었다. 그러나 현재의 야산에서는 아주 적은 양의 수확만 있었다. 지나가던 동네 사람들이 열심히 일하고 있는 스님을 보면서 수군거리며 말했다. "스님은 참 바보다. 괜히 좋은 논을 팔아서 야산을 사는 바람에 매일 저렇게 고생만 하고 있네. 수확도 적은데 어리석군." 그렇게 저희들끼리 쑥덕거렸다.

그 말을 들은 스님은 동네 사람들을 불러놓고 말했다. "너희들은 나를 보고 의아하다고 생각할 것이다. 너희들의 계산법으로 보면 나는 당연히 어리석다. 그러나 내 계산법은 다르다. 조금 더 넓게, 이 우주 전체로 보면 나의 행동은 이득이다. 예전의 논은 내가 농사를 짓든 다른 사람이 농사를 짓든 매년 풍년이 든다. 그렇지만 현재의 야산은 원래 없던 곳인데 내가 개간을 해서 조금의 수확이 일어났다. 우주의 시각으로 보면 이득이 늘었다. 이 얼마나 좋은 일이냐. 그것이 왜 손해라고 생각하느냐! 우주 전체로 보면 나는 이익을 낸 사람이다."

그 말을 들은 동네 사람들은 아무 말 없이 스님에게 큰 절을 올리고 돌아갔다.

이 내용을 읽는 순간 문득 나 또한 동네 사람들처럼 속세의 계산법으로 세상을 살아가는 것은 아닌가 하는 생각이 들었다. '내가 안경원을 오픈하면 스님처럼 나는 힘들고 어려울 것이다. 그렇지만 그로 인해 고용이 일어나고 다수의 안경사들이 먹고살 수 있다. 그에게 딸린 식구들까지 생각하면 그 이익은 적은 것이 아니구나!' 생각이 여기까지 미쳤고 나도 깨달은 사람의 계산법으로 살고 싶다는 마음이 들었다. 설사 새로 안경원을 오픈한 뒤 본전일 뿐이라 해도 나에게는 수익이 없는 대신, 그 안경원으로 일자리 창출이 되어 먹고살 수 있는 사람이 늘어난다면 그것은 마이너스가 아니다.

나는 바로 부동산 업자에게 연락해서 100평 매장을 계약했다. 생각의 전환이 이루어지니 모든 것이 쉬워지고 힘들다는 생각이 들지 않았다. 그때의 깨달음 이후로 앞에 있는 작은 이익보다는 전체를 보고 생각하면서 계산하는 습관을 가질 수 있게 되었다. 힘들 때는 항상 우주의 시각에서 생각하면 덜 힘들고 보람을 찾기도 쉬워진다.

어쩌면 이때부터 나는 '장사꾼'을 벗어나 '경영자'라는 옷을 바꿔 입었는지도 모르겠다. 이후로 직원들은 더 이상 나에게 속 썩이는 골칫덩어리가 아니었다. 힘든 적이 없었다고 하면 거짓말이지만, 무조건 닦달하기보다는 직원들을 좀 더 이해하기 위해 관찰하게 됐고, 교육 프로그램을 만들어서 함께 걸어가기 위한 노력을 하게 됐다. 지금 하고 있는 한국안경아카데미도 그 교육의 연장선이다.

첫 번째 성공,
그다음이 중요하다

우주의 계산법에 따라 계약하기로 결정했던 매장은 대구 칠곡 지구에 있었는데, 이전에 안경원을 한 적 있었던 칠곡 1지구와는 달랐다. 칠곡 지구는 도시 계획상 여러 구역으로 나뉘어 있는 큰 신도시다. 새로 들어가기로 한 곳은 아직 건물이 완공되지 않은 3지구였고 상가도 많이 없었다. 주차 공간도 아직 확보되지 않은 곳이었지만 자리는 좋다고 판단했다.

점포 1칸은 50평 정도였는데, 2칸을 계약했다. 시간이 흐르고 도시 계획이 정비된 후에 경쟁에서 밀리지 않기 위해서 선투자한 것이다. 내 판단에는 1칸짜리 안경원으로는 될 일이 아니었다. 당시 시세로 보증금 2억 원에 월세 800만 원 정도라서 꽤 비쌌지만 감당하지 못할 정도는 아니라 생각했다. 사업을 오래 하다 보면 시간이 갈수록 비용이 들어가는 곳이 점점 줄어들면서 사업을 더 키울 여력도 생겨나는 것 같다. 매장 공간만 확보하면 뒷일의 세팅은 이제 나에겐 어려운 일이 아니었다.

게임의 판을 바꾸는 생각의 전환

이 매장 공간은 입지가 좋았던 반면 약간의 핸디캡이 있었다. 안쪽으로 3m 정도 쑥 들어가 있다는 것이었다. 반면에 옆 자리 매장들은 전면 1면에 나와 있었다. 우리 매장은 지나가다가 얼핏 보면 못 보고 지나칠 수도 있기 때문에 사람들은 또 야단이었다. "지나가면 안 보이는 자리인데 왜 거기다 했냐"는 것이다. 그래도 평수가 그만큼 확보되면서 전면인 매장을 고르려면 나에겐 최선의 선택이었다. 계약 전까지만 해도 마음이 너무 힘들었지만, 생각을 바꿨더니 스트레스를 덜 받게 됐고 나는 진짜 열심히 일했다.

그런데 주변에서 들려오는 잡음은 또 있었다. "미쳤네. 무슨 안경원을 저렇게 크게 하냐"는 것이었다. "월세 주고 나면 답 안 나올걸" 하는 소리도 많이 들었다. 하지만 나는 매장 여러 곳을 거쳐오면서 확신이 있었다.

월세 500만 원짜리와 월세 1천만 원짜리가 있을 때 대부분의 사람들은 500만 원짜리 매장을 선택한다. 우선은 돈에 현혹되는 것이다. 그러나 대형화된 매장은 오히려 차별화된 마케팅이 가능하다는 장점이 있다. 월세 1천만 원을 주면 처음엔 물론 아깝지만 그로 인해 게임이 달라진다.

첫째, 매장이 넓으면 서비스 공간이 커진다. 칠곡 3지구에서는 2002년 월드컵 이후로 유행하던 60인치 대형 TV를 설치해서 대기실을 영화관처럼 꾸몄다. 작은 매장에서는 느껴볼 수 없는 분위기였다.

둘째, 매장이 넓어지면 물건을 여러 가지로 구비해 놓을 수 있다. 다양한 구색을 갖추게 되니까 소비자는 선택의 폭이 넓어져 만족도가 올라간다.

셋째, 매장이 크면 소비자 머릿속에서는 가격이 저렴할 것이라는 인식이 커진다. 대형마트에 가면 왠지 더 쌀 것 같은 느낌이 드는 것과 똑같은 심리적 효과다. 실제로 고객들은 "역시 큰 데 와야 싸다"고 말하곤 했다.

이것은 다른 소상공인의 경우에도 마찬가지다. 여러분이 식당을 하려고 점포를 구하고 있다. 입지가 참 좋은 곳을 찾았다. 그런데 구석진 곳 월세 500만 원짜리 점포와 앞쪽의 넓은 1천만 원짜리 점포가 있다. 어느 걸 택하겠는가? 투자금을 줄이기 위해 월세를 줄일 것이 아니라 차라리 집 주인에게 달라는 걸 주면 나는 더 큰 걸 얻을 수 있다. "비싸, 비싸"만 하고 있으면 아무것도 못한다.

대신에 내가 하루에 안경 1개 더 팔면 그 돈은 아깝지 않게 된다.

칠곡 3지구의 100평짜리 대형 매장도 결과적으로는 대성공이었다. 그전에 고급화 매장으로 운영했던 만촌동 매장보다 더 잘 됐다. 규모가 큰 만큼 매출도 훨씬 잘 나왔다.

두 번째 목표는 크게 크게

사업을 하다 보면 쉬운 상황만 있는 것은 아니다. 장기적인 시각에서 보면 성공해서 잘되는 사람은 10%도 안 되는 것 같다. 그렇지만 많은 후배 안경사들을 보면 욕심도 많고 목표도 높다.

안경원이 아닌 경우에도 그렇다. 소매점 사업을 하는 사람들의 경우 1호점, 2호점, 3호점으로 매장을 늘려서 많이 하려고 하는데, 그게 꼭 좋은 것만은 아니라고 생각한다. 많으면 많을수록 좋을 것 같지만 그에 비례해 신경쓸 것이 한두 가지가 아니다. 그 많은 일을 처리할 수 있는 능력과 그 많은 스트레스를 감당할 수 있는 내공이 있는 자만이 성공한다. 처음에 매장을 오픈해서 성공하면 자신감을 가지고 몇 년 후에 겁 없이 또 새 매장을 오픈하는 사람들도 많다. 그들 중에는 실패하는 사람이 허다하다.

대부분의 사람들이 40~50평의 매장을 오픈해서 성공하면 또 다른 곳에 같은 규모의 40~50평 매장을 비슷하게 하나 더 오픈한다. 그런데 그중 대다수는 몇 년 안에 2호점을 폐업하거나 팔아버린다. 남들이 하는 걸 볼 때는 쉬워 보이지만 세상은 절대 호락호락하지가 않다. 2호점이 잘 되기는커녕 1호점까지 위험에 처해지는 경우도 많이 봤다.

예를 들어 커피숍 매장을 한다고 해보자. '내가 사업으로서 성공할 수 있을까? 성공할 수 있는 능력을 갖추고 있을까?'라는 걸 확인하고 싶다면 두 번째 매장을 하나 더 오픈해서 확인해볼 수 있다. 다만 두 번째 매장을 할 때는 첫 번째 매장의 1.5배 또는 2배 정도 큰 규모의 매장을 운영해봐야 한다.

경우의 수는 두 가지다. 성공하거나, 아니면 실패하는 것이다. 성공하는 경우에는 앞으로 사업가로서의 꿈을 더 크게 꾸고 사업을 키워도 된다. 만약 세 번째, 네 번째 매장이 실패하더라도 큰 무리 없이 다시 일어설 수 있다. 2개 매장이 디딤돌이 돼서 금방 일어날 수 있기 때문이다. 대개는 두 번째 매장이 성공하면 세 번째, 네 번째도 성공할 가능성이 높아진다. 그러나 두 번째 매장이 실패라면 빨리 판단해서 접어야 한다. 기한은 1년 정도로 해서 냉정하게 평가하고 미련 없이 털어버려야 한다. 하나 운영하는 것과 2개 운영하는 것은 천지 차이다. 초심자의 운이 따라줬을 수도 있다. 두 번째 해서 말아먹었다면 나의 사업적인 그릇은 거기까지인 것이다. '나는 사업가로서는 자질이 없구나' 생각하고 그냥 1개 매장만 열심히 하면서 성실하게 살면 된다. 그 하나의 매장도 잘 경영하면 열 개 부럽지 않게 운영할 수 있다. 무조건 크고 많은 것만 지향할 필요는 없다.

사람의 능력은 모두 다르다. 육상에서도 장거리를 잘 뛰는 사람이 있고 단거리를 잘 뛰는 사람이 있듯이 하나의 매장을 잘 운영하는 사람도 성공한 사람이다. 어떤 경우에는 차라리 처음의 매장에 애정을 가지고 전력을 다하는 것이 좋다. 섣부른 '하나 더'는 조심하고 신중하게 결정할 문제다.

후배들이 조언을 요청해올 때 나는 항상 두 번째 수가 더 중요하다고 말한다. 만약에 두 번째 매장은 크게 하고 싶지 않다면 나는 시도하지 말라고 말하고 싶다. 오히려 스트레스는 커지고 사업적으로도 도움이 안 된다. 많은 사람들이 두 번째 매장을 하다가 실패하고 이렇게 말한다. "저는 첫 번째 잘하면 두 번째는 쉬울 거라고 생각했어요. 그런데 진짜 어렵네요." 그래서 나는 기왕 실패할 거라면 큰 걸 하라고 말하는 것이다. 젊었을 때 그래야 후회가 없다. 그렇지 않고 비슷한 규모의 매장을 했다가 실패하면 나중에 시간이 흐른 후에 또 하고 싶어진다. '그때 돈을 더 썼어야 했는데 그러지 못해서 망했던 게 아닐까?' 하는 생각이 솟아오른다. 실패에 대한 핑곗거리가 생기면 또 헛발질을 하게 된다. 도전해봤던 보람이 없어지는 것이다. 그것보다는 '큰 걸 해봤는데 나는 안 되더라' 하고 결론 내릴 수 있어야 한다.

다소 감각적인 영역이라서 수치화하기가 애매하지만 두 번째 매장을 시작해서 1년 안에 투자 대비 월 이익 1~2%를 넘기지 못한다면 접으라고 권하고 싶다. 5억 원을 들여 안경원을 했는데 월 순이익이 500만~1천만 원이 남지 않는다면 빨리 접는 것이 오히려 용기다. 그런데 투자한 돈이 아까워서 접는다는 결정을 하기가 쉽지 않다. 아주 어렵고 힘든 선택이 돼버린다.

만약 주위 상권에 변화가 있을 것이라는 호재가 있다면 버텨볼 수 있다. 아파트가 들어온다든지 대형마트가 들어온다든지 개발 소식이 있는 경우가 있다. 그러나 그런 게 없다면 아무리 노력해도 안 된다고 봐야 한다. '열심히 하면 되겠지'라고 막연히 생각하면 '열심히'의 함정에 빠지게 된다. 1년 동안 오픈발의 도움을 못 받았는데 갑자기 잘 되는 일은 좀처럼 없다. 차라리 그 에너지를 빨리 다른 곳에 투입하는 것이 훨씬 현명하다.

골리앗과 싸워야 하는 다윗의 전략

안경원을 하면서 크게 위기의식을 느낀 적이 있다. 어느 정도 성공 궤도에 오르고 나면 경쟁 상대가 붙게 마련이다. 내 옆에 더 큰 놈이 들어와서 언제 나를 위협할지 모른다. 사업이든 장사든 그래서 어려운 것 같다. 항상 긴장감을 놓으면 안 된다. 칠곡 3지구에서 오픈한 100평짜리 매장이 어느 정도 자리를 잡고 안정을 찾을 무렵에, 우리 안경원 앞에 더 큰 평수의 매장이 들어온다는 소문이 돌았다. '에이, 설마' 했는데 그게 현실이 되었다.

그때를 생각하면 정말 무서웠고 겁도 많이 났다. 경쟁 상대는 대형 매장으로 유명한 전국 프랜차이즈 A안경이었다. 그 매장의 사장님은 안경 업계에서 이름이 알려진 분으로, 본사 오너는 아니지만 나보다 경험도 많고 연륜도 있고 재력도 많고 인맥도 아주 넓다는 소문이 있었다. 사실이라면 모든 면에서 게임이 안 되는 경쟁이었다. 업계에 도는 소문으로는 "무극안경 손재환을 잡으러 왔다"는 말도 있었다. 그래도 한 가지 안심이 되는 점이 있다면 우리 안경원의 매장 위치가 조금은 유리하다는 것이었다. 그것 빼고는 우리가 우위가 될 만한 건 없어 보였다. '그래도 아직까지는 성공 가도를 달리고 있었는데 이제 어떻게 해야 되노?' 고민하고 걱정하고 정신이 하나도 없었다.

당시는 연극인 손숙이 공동대표로 있는 '아름다운 가게'가 핫하던 시절이었다. 아름다운 가게는 내가 쓰지 않는 물건을 필요한 이웃을 위해 내놓는 나눔을 통해 친환경적 변화에 기여한다는 비영리공익재단으로, 업사이클링, 환경교육, 자원봉사 등의 사회적 가치를 내세우는 곳이었다. 그런데 한창 유명세를 타던 그 '아름다운 가게'가 샵인샵(shop in shop) 개념으로 A안경 안에 들어선다고 했다. 고객을 모으고 홍보로 활용하는 데는 그만한 것도 없어 보였다. 마케팅 포인트는 참으로 기가 막혔다.

덩치 큰 경쟁자와의 승부에 앞서

A안경은 시대 흐름을 잘 타고 브랜딩을 한 곳이었다. 그들이 내세운 콘셉트는 '검안'과 '커피'였

다. 이 두 가지가 모두 잘 먹혔다. 대기업 매뉴얼을 벤치마킹했다고 하는데 모든 업무를 프로세스로 만들었고, 직원들도 유니폼을 갖추어 입고 일했다.

검안이야 예전부터 있던 것이지만, 그들은 새롭게 '한국식 검안법'을 만들었다. 내용이 특별한 것이라기보다 네이밍을 하고 매뉴얼화하면서 제대로 포장한 것이다. 이런 매뉴얼이 없으면 안경사는 빠뜨리는 과정도 분명히 있다. 검안을 배울 때 열 가지 검사법이 있다고 하면 실제로는 두세 가지 정도로 마무리한다. 특별한 경우를 제외하면 그 정도만으로도 충분히 검사가 되기 때문이다. 그런데 A안경은 모든 고객들을 특별한 경우로 설정하고 열 가지 과정을 다 매뉴얼에 넣는 것으로 프로세스를 만들어놓았다.

A안경에서 안경사는 이 모든 매뉴얼을 지키지 않으면 다음 단계로 진행하지 못하도록 되어 있었다. 1번부터 10번까지 매뉴얼이 있다면 1번을 한 후 2번을 안 하면 3번으로 넘어갈 수가 없다. 하기 싫어도 다 할 수밖에 없도록 프로그램을 심어놓은 것이다. 고객 입장에서는 두세 가지가 아니라 열 가지 프로세스를 다 해주니까 "와, 엄청 검사 잘한다"라고 반응하게 된다. 사실은 불필요한 과정이라 해도 반드시 프로세스를 지키도록 매뉴얼을 만들었기 때문에 고객 입장에서는 달라 보이는 것이다.

이런 점은 다른 안경원과 확 차이 나는 것처럼 보였을 것이다. 딴 데 가면 대충 해준다고 생각하게 되는 것이다. 전문가가 봤을 때는 굳이 필요 없다고 보여도 소비자가 봤을 때는 굉장히 고마워할 만한 포인트다.

당시는 커피머신도 핫한 아이템이었는데 A안경은 서비스 공간에 이것을 구비했다. 커피머신으로 에스프레소를 직접 뽑아주니까 소비자들은 좋아했고 나중에는 기다리는 동안 아이스크림을 먹을 수 있게 했다. 대형화, 정형화, 매뉴얼화는 소비자에게 세련된 느낌을 주었다.

반면에 우리의 장점은 최고의 설비를 쓰고 있다는 것이었다. 무극안경은 고리타분해 보일 정도로 정석의 길을 걷는 것이 원칙이었다. 검안기이든 안경을 만드는 조제 기구이든 우리나라에서 구할 수 있는 검증된 제품 중에서 가장 좋은 A급을 쓴다는 것이 원칙이었다. 물론 싼 기계를 쓰면 비용을 반으로 아낄 수 있고, 투자비가 적으니까 이윤을 크게 남길 수 있다. 그래도 그것은 우리에겐 타협할 수 없는 문제였다.

커피 제공 같은 서비스들은 카피(copy)가 쉽다. 실제로 나중에는 다른 안경원에서도 따라하면서 보편화됐다. 고객이 알아주든 몰라주든 좀 더 정밀하고 정확하게 하려면 최고의 투자를 해야 한다는 것이 나의 신념이다. 칭찬은 못 들을지 몰라도 그런 원칙은 무너뜨리지 않는다. 지금도 그건 변함이 없다.

누구나 하나쯤 약점은 있다

우리 안경원 옆에서 A안경은 아름다운 가게를 품고 130평 매장을 오픈했다. 오픈하는 날에는 구청장도 오고 손숙 공동대표도 오면서 그야말로 난리가 났다. 그 일대가 축제 분위기였던 걸로 기억한다. 상상을 초월할 정도로 축하의 장, 이벤트의 장이었다. 사람들은 아름다운 가게에 들러 옷 구경을 하다가 안경 구경도 했다.

'나는 아무 인맥도 없고 안경 말고는 다른 능력이 없는데 어떻게 이길 수 있을까?' 아니, 그보다 '나는 그저 안경만 하는 놈인데 어떻게 하면 죽지 않을 수 있을까?' 생각하고 또 생각했다. 싸움을 할 때는 상황을 먼저 읽어야 했기 때문에 직원들을 모아놓고 이렇게 이야기했다. "큰일났다. 자리는 우리가 메인이지만 저쪽이 너무 막강하다. 우선 적을 알아야 한다. 우리가 먼저 들어와서 기존 고객도 있으니 적을 알면 우리가 이길 수 있다. 우리가 똘똘 뭉치면 나는 할 수 있다고 생각한다."

아무리 강한 상대라도 누구나 약점은 반드시 있는 법이다. 그래서 나는 상대방의 약점을 연구하기 시작했다. 첫째, 가장 큰 약점은 사장이 현장에서 일을 안 한다는 것이었다. 그는 공사다망한 사람이라서 그런지 상주해 있지 않았다. 둘째는 전국 프랜차이즈 매장이라서 정찰제로 판매한다는 것이었다. 가격 경쟁에서 융통성을 발휘할 수 없는 시스템이었다.

나는 다시 직원들을 불러모았다. “겁내지 말고 정신 똑바로 차리자. 한 사람 한 사람 정성을 다해 친절히 하면 이길 수 있다” 하고 확신과 용기를 주었다. “우리는 사장이 근무하는 안경원이고 저쪽은 사장이 근무하지 않는 안경원이니까 사장과 함께 일하는 우리 매장의 직원들이 반드시 이길 것이다”라고 독려했다.

상대의 둘째 약점인 정찰제에 대항해서, 우리는 전략을 할인으로 변경했다. 그때만 해도 사실 나는 안경사로서 자부심과 자존심이 상당했다. 전문가인 안경사가 할인을 한다는 것은 내가 안경사임을 부정하는 것과 같은 느낌이었다. 그런데 강한 상대를 이기기 위해서 자존심은 접어두기로 했다. 똑같은 방법으로는 이길 수가 없다고 판단했고, 모든 마케팅 정책을 할인 정책으로 전환했다. 공부하는 학생이라면 안경테를 무료로 주고 렌즈 값만 받는 파격적인 행사도 진행했다. A안경은 전국 프랜차이즈이기 때문에 지점에서 함부로 가격 변경을 하는 것이 불가능했다. 반면 사장 맘대로가 가능한 우리 매장은 그 장점을 융통성 있게 최대한 활용했다.

우리나라 소비자들의 심리를 보면 깎아주는 데 익숙하다. 정을 느낄 수 있는 우리만의 덤 문화 같아서 소비자들은 좋아한다. 그 결과 우리 안경원은 더 많은 매출을 올리고, 나 또한 더 발전할 수 있는 계기가 되었다. 위기가 왔을 때 냉철하게 판단해 상대방의 단점을 나의 차별화로 공략할 수 있었기 때문이다.

경쟁은 더 큰 시장을 만든다

A안경과의 경쟁은 전쟁 아닌 전쟁이었다. 그때 느낀 건 사업이란 기싸움이라는 것이다. 밤잠 설치며 피 말리는 고민을 했고 정말 죽기 살기로 일했는데 효과는 좋았다. 고객들이 더 늘어났고 매출이 급상승했다. '아, 이거구나. 이렇게 하면 고객이 좋아하는구나'를 느끼면서 매출을 올리는 새로운 방법을 하나씩 습득했다. 지금 생각하면 그때의 고민이 없었다면 내가 더 발전하지 못했을 것 같다.

큰 위기를 겪다 보니 배운 것이 더 많았다. 우선 마케팅에 대한 생각이 바뀌었다. 그전까지의 마인드로는 안경사라는 전문가로서 가격 할인은 자존심 상하는 일이었다. 그러나 그 자존심을 버리고 나니 할 수 있는 일이 무궁무진했다.

나는 고객들을 몰고 올 대단한 인맥이 있지는 않았지만 사람들의 마음을 이해하는 건 할 수 있을 것 같았다. 사람들은 소개를 받아 안경원에 간다기보다, 집에서 가깝다거나 좋은 물건인데 싸게 판다거나 하는 현실적인 것에 더 집중한다고 판단했다. 칠곡 신도시는 자전거도로가 잘 닦여 있는 전형적인 계획도시였다. 그래서 당시 유행했던 삼천리 자전거를 사은품으로 내걸기로 했다. 삼천리 공장에 방문해 자전거 300대를 주문했다.

'자전거 300대를 드립니다!'

자전거는 하루에 1대씩 매일 1명에게 사은품으로 제공했다. 광고는 현수막으로 했는데, 제작업체에서 책임지고 달아주기로 했다. 그 주변 사거리 일대에 '자전거 300대를 드립니다!'라는 문구의 현수막으로 동네 전체를 도배하다시피 했다.

당첨된 사람이 자전거를 찾으러 오면 반드시 사진을 찍었고 그걸 모두 걸어놓았다. 아마도 우리가 자전거 경품의 시초였지 않았나 싶다. 사거리마다 현수막이 걸려 있었던 탓에 지나다니던 사람들 머릿속에서는 '무극안경 가면 자전거 준다'가 있었다. 칠곡 3지구는 학교도 밀집돼 있었기 때문에 아이들 사이에 입소문도 금방 퍼졌다. "나 자전거 탔다", "내 친구 누구누구가 자전거 받았대" 하는 말들이 퍼졌다. 실제로 자전거를 받은 사람을 쉽게 접할 수 있었기 때문에 사람들은 재미있어 했다.

고객들 사이에서는 "무극안경이랑 A안경이랑 싸우는 것 같다"며 소문이 났다. 그러다 보니 그곳에 가면 안경원 두 곳이 싸움이 붙어서 저렴하게 안경을 맞출 수 있다는 이야기도 돌았다. 그것은 예상치 못한 파장을 불러왔는데, 다른 상권에 있던 손님들도 이쪽으로 몰리게 된 것이다. 경쟁으로 인해 오히려 전체 매출이 늘어나기 시작했다.

소문을 듣고 방문한 고객들은 옆집과 비교하기 시작했다. A안경으로 갔던 고객들이 다시 오기 시작했다. 이유는 물건이 별로 없다, 불친절하다, 비싸다 등이었다. 역시 사장이 없는 매장이 안고 있는 한계였다. 우리는 그 큰 브랜드와 싸워도 절대 밀리지 않았다.

이후에 나는 후배들에게 말하곤 한다. "바로 옆자리에 경쟁자가 들어온다고 해도 두려워하지 마라. 지레 겁먹지 않아도 된다고 생각한다. 큰 곳이라고 해서 기에 눌리지 마라. 소신껏 하면 분명히 이길 수 있다. 더 공격적으로 하면 더 잘 될 수도 있다." 포기하는 건 자신이 할 수 있는 최선의 에너지를 쏟아붓고 나서 해도 늦지 않다. 가까운 곳에서 다른 안경원과 붙어서 경쟁하는 일은 이후에 또 겪었지만, 이때의 경험이 있어서 더 이상 두려워하지 않게 됐다.

소비자가 몰리면 승자도 패자도 없다

지나친 경쟁은 스트레스를 가져오지만, 내가 30여 년 동안 안경원을 해오면서 가장 중요하다고 생각한 것은 역시 '경쟁'이다. 나도 처음에는 경쟁을 싫어했고 원하지 않았다. 그러나 되돌아보면 경쟁 상대를 통해서 많이 배우고 발전할 수 있었던 것 같다. 경쟁을 즐기면서 두려워하지 않고 당연한 일처럼 받아들일 수 있는 상태가 되어야 사업의 고수가 되는 것 같다.

그만큼 경쟁을 받아들이는 것이 현실에서는 참 어렵다. 경쟁의 상황에 직면하면 초반부터 근심, 걱정, 두려움으로 가득 차기 시작한다. 모든 것은 자기 자신과의 싸움이라는 것을 다들 알고 있으면서도 경쟁력을 키울 생각은 없고 그저 경쟁을 피하려고만 한다.

그렇지만 사업을 하자면 머릿속에 항상 이 경쟁이라는 것을 각인하고 살아야 한다. 그것이 내가 살아가는 영양분이라 생각하고 즐길 수 있어야 한다. 경쟁이란 피할 수 없는 일이기 때문이다. 나는 경쟁 상대가 생기면 그때부터 냉철한 판단력과 분석력으로 그 상황에서 최선의 선택을 찾는다.

경쟁에는 항상 구경꾼이 있다. 바로 소비자다. 그런데 싸움 구경의 속성은 둘 중 하나가 KO되면 열광한다는 것이다. 장사도 역시 승부의 세계이고, 소비자들은 오히려 경쟁을 부추긴다. 30여 년 동안 이런 소비자를 이해하고 만족시키기 위해 부지런히 노력했다.

저기는 어떻게 해주는데, 라며 약을 올리는 사람도 있어서 얄밉기도 하지만 그래도 어쩌겠는가. 내가 먹고살아야 하는 세계다.

큰 경쟁을 할 때면 구경꾼들은 더 많이 모였다. 기왕 경쟁하는 것이라면 판을 키워야 한다. 판을 키우면 둘 다 성공할 수 있다. 둘 중 한 명이 잘해도 그 흥행으로 인해 장사는 둘 다 잘될 수도 있다. 나의 경험으로 봤을 때 경쟁을 잘하는 사업가는 어디를 막론하고 그 지역 상권의 선두주자를 맡고 있었다. 예전에 개인적으로 다른 프랜차이즈 매장을 할 때 전국 각지의 모임을 통해서 보면, 그중에 일부 잘 하는 사람들은 스스로 경쟁을 일으키는 것 같았다. 말로는 경쟁을 스트레스라고 했지만, 가만히 보면 실제로는 다들 경쟁을 즐기고 빨리 대처하는 능력을 가지기 위해 부단히 노력하는 모습이었다.

안경사가 사람을 읽는 기술

소비자를 상대해야 하는 사업의 경우에는 한 사람 한 사람 정성을 다하는 마음이 중요하다. 그런데 안경원은 의료적인 전문성이 들어가는 일이라 수퍼마켓에서 빵을 파는 것과는 또 다른 측면이 있다. 안경테는 공산품 중 생활용품 분야로 분류되어 의료기기법상 제약 없이 자유로운 판매가 가능하지만, 안경렌즈는 의료기기이기 때문에 안경원에서만 취급할 수 있다. 이렇게 복합적인 요소가 있다 보니까 접객과 판매에서도 복잡한 측면이 있다.

안경은 안경원마다 정해놓은 가격이 다르다. 서로 물건도 다르고 할인율도 다르고 품목도 달라서 가지각색의 모습이다. 어느 집에서는 1만 원인 것이 다른 집에서는 7천 원일 수도 있고 5천 원일 수도 있고 1만 2천 원일 수도 있다. 같은 품목의 경우에도 공식적인 가격은 있지만 할인 폭이 다르다. 그래서인지 소비자의 불신도 많이 접하게 된다.

안경사 입장에서도 고객은 여러 가지 유형이 있다. 안경에 대한 지식이 많은 사람일 수도 있고, 전혀 모르는 사람일 수도 있다. 그동안의 경험으로 봤을 때 안경원에 오는 고객의 유형은 세 가지로 나눌 수 있다. 첫째 가격에 예민한 고객이 있다. 둘째 전문성을 필요로 하는 고객이 있다. 셋째 편의성 때문에 오는 사람이 있다.

안경사가 만족시켜야 할 고객은 세 가지

고객이 오면 안경사는 대화를 시도하면서 그가 원하는 것을 빨리 캐치해야 한다. 가격이 저렴한 걸 원하는 것인지, 눈의 불편함이 심해서 전문성이 필요한 것인지, 아니면 가까워서 그냥 온 건지 재빨리 구분해야 접객과 판매방법을 달리 할 수 있다.

가격에 예민한 고객이라면 가격을 만족시키면 된다. 그렇지만 사실은 이게 제일 어렵다. 원하는 가격대도 모르고 그 전에 어디서 구매를 했는지 정보가 없기 때문이다. 십년 단골집에서 싸게 했을 수도 있고 잘 모르고 비싸게 샀을 수도 있다. 대체로 직원들은 모든 고객을 전문화로 접근하려는 경향이 많기 때문에 그래서 이 부분은 더욱 어렵다. 가격에 예민한 고객을 검안사로서 다가가면 30분 동안 시력검사를 하느라 고생만 하고 "다음에 올게요" 하는 대답을 듣게 된다.

고객이 가격에 예민하다면 전문성을 전면에 내세우지 않아도 된다. 렌즈는 기본적으로 큰 문제만 없으면 되고, 가격을 잘 맞춰줘야 한다. 이런 사람들은 안경원에 들어와서 하는 말이 있다. 자신이 쓰고 있는 안경을 보여주면서 "이거랑 똑같은 거 얼마예요?" 하고 묻는다. "종류가 많습니다. 저렴한 건 1만 원부터 비싼 건 20만 원, 30만 원입니다." 이런 식으로 누구나 할 수 있는 대답을 했다면 망한 것이다. 고객이 원하는 정보는 안 주고 동문서답을 한 셈이다. 원하는 답을 정확히 얻지 못하면 고객은 "다음에 올게요" 하고 또 나가버릴 것이다.

그럴 때는 고객이 쓰고 있는 안경이 어느 제품인지 재빨리 파악해야 한다. 그런데 유명하거나 흔한 것은 알 수 있지만 안경은 워낙 제품이 많다 보니까 흔하지 않은 것이라면 모를 수도 있다. 모르는 제품은 맞춰줄 수 없지만, 아는 제품이라면 우리 안경원에서 해줄 수 있는 최저 가격을 부른다. 또는 업계에서 부를 수 있는 최저 가격을 부를 수도 있다. 보통의 안경원에서는 3만 원인데 대한민국에서 가장 싸게 파는 가격이 1만 5천 원이라면 그걸 부르라는 것이다. 일하다 보면 다른 안경원의 동향을 파악할 수 있기 때문에 그 정도는 알고 있어야 한다. 멀리서 싸다고 소문 듣고 온 사람에게는 차비라도 건지게 해줘야 만족이 있다.

반면에 고객이 난시가 있다든가 피로함이 많다든가 하는 문제를 안고 있다면 전문성을 발휘해야 한다. 시력 교정과 피팅에 정성을 다하는 것이 핵심이다. 이런 경우는 대체로 가격에 신경 쓰지 않기 때문에 마진이 좋은 제품을 권해도 괜찮다. 전문성이 필요한 고객인데 가격으로만 어필하려고 하는 직원도 있는데 그것 역시 불만족으로 이어진다.

상대적으로 골치를 덜 썩는 고객은 가까워서 온 사람이다. 이런 분들은 가격에 예민하지 않다. 만약에 가격에 예민했다면 멀리 있는 곳이라도 수소문해서 찾아갔을 것이다. 커피를 예로 들면 슬리퍼 신고 동네 가까이에 있는 커피숍으로 가서 편하게 커피를 즐기는 사람이다. 가격이 중요했다면 자판기 커피를 뽑아 먹었을 것이고, 커피 맛이나 분위기가 중요했다면 멀어도 이색 콘셉트의 카페를 찾아갔을 것이다. 편의성이 중요한 고객은 소비자가격 그대로 사는 사람도 있다. 딴 데 돌아다니면서 발품 팔기 싫은 것이다.

내게 쉬운 고객만 골라서 팔 수는 없다

요즘 젊은 직원들은 자신에게 맞는 고객만 골라서 잘하려고 하는 것이 아쉽다. 고객의 니즈에 맞춰서 다르게 대응할 수 있는 테크닉이 부족하다. 고객이 원하는 기준이 아니라 자기 기준대로 하는 것, 나한테 쉬운 고객만 골라서 응대하는 것은 불가능한 일이다. 누구든 나랑 비슷한 사람은 예상이 가능하니까 대응이 쉽다. 그러나 사람이 다 같을 수는 없다. 이런 사람 저런 사람 별 사람이 다 있는데 대인관계에 서툰 젊은 직원들은 융통성을 발휘하지 못하는 경우가 많아서 안타깝다.

조금만 자기 기준에서 어긋나면 스스로 그 사람을 잘라내는 모습도 보인다. "저 사람 이상한 사람이야. 아우, 진상이야"라고 치부해버린다. 물론 인간성이 못된 고객도 있긴 하지만, 진짜 진상과 이유가 있어서 예민한 사람을 구별하지 못하면 생사람을 잡을 수가 있다. 특히 난시가 있는 고객은 자신의 핸디캡 때문에 안경을 맞출 때마다 불편해하는 경우가 많다. 그건 성격의 문제가 아니다. 제대로 맞춰지지 않은 불편한 상태인데도 불구하고 안경사가 짜증낸다고 해서 불편한 채로 큰돈 주고 안경을 맞춰야 할 이유는 없다.

자기한테 맞는 사람, 쉽게 팔 수 있는 사람만 찾으면 고객은 늘지 않는다. 학교에서 배운 매뉴얼대로만 일하는 직원들도 있는데, 사람들은 매뉴얼대로 움직이지 않는 사람이 많다. 특히 나이든 어르신들은 더하다. 그렇다고 매뉴얼대로 움직이지 않는 사람을 모두 진상으로 몰아갈 수는 없다.

이 부분을 잘 다룰 수 있어야 고객이 늘어나고 소개로도 이어진다. 학교에서는 사람에 대해 가르쳐주지 않는다. 그동안 배울 수 있는 곳도 없었겠지만, 가르쳐주는데도 힘들어하는 직원이 많다. 땀을 삐질삐질 흘리면서 어려워한다.

그런데 생각해보면 젊은 사람일수록 다양성을 인정해 달라는 요구를 많이 한다. 본인은 누구보다 그걸 원하면서 상대의 다양성은 인정해주지 않는 아이러니가 있다. 자신이 소비자일 때는 요구사항이 엄청 많지만, 판매자가 되면 소비자의 요구사항을 진상이라면서 들어주지 않는 것이다.

요즘엔 인터넷 검색을 미리 해보고 오는 사람들도 많은데 고객이 인터넷 가격을 이야기하면 뒤에서 욕하는 직원들도 있다. 면허도 없는 소비자가 그런 걸 따진다는 것이다. 그러면 내가 질문을 던지곤 한다. "너도 필요한 물건 살 때는 그렇게 하지 않니?" 기분은 나쁠 수 있지만 모두가 그런 시대를 살고 있으니 인정하고 넘어가야 한다. 자기 입장에서만 따지는 건 곤란하다.

“이 안경만 쓰면 눈이 빠질 것 같아요”

아무리 대형화 매장이 강점이 있다고 해도 디테일을 신경쓰지 않으면 고객 만족은 쉽사리 나올 수 없고 매출도 늘지 않는 법이다. 어느 날 60대 중반 정도의 남성이 안경을 맞추러 왔다. 경찰관 출신의 고위직 공무원인 것 같은데, 안과 처방전을 가지고 왔다. 처방전 그대로 안경을 맞춰드렸더니 “이 안경은 도저히 못 쓰겠다”고 불편해하셨다. 안경원의 검안기로 다시 한 번 검사를 해봤는데 안과의 처방전은 정확했다.

안경을 처음 맞춰본다는 이분은 난시가 있어서 시력 교정이 그리 쉬운 사례는 아니었다. 눈으로 들어온 빛은 망막에 상으로 맺히는데, 원래는 초점이 정확히 망막의 중심부에 맺혀야 사물이 또렷하게 보인다. 그러나 난시는 각막 표면이 불규칙해서 눈으로 들어오는 빛의 굴절도가 달라 초점이 한 점에서 만나지 못하고 두 점 이상에서 상이 맺혀 흐릿하게 보이는 상태다. 손님의 안과 처방전에는 난시가 들어가 있었는데, 그중에서도 난시의 방향이 사축(斜軸)이었다. 사축 난시는 망막상의 왜곡이 있어서 안경을 쓰면 기울어진 것처럼 느껴진다.

이분은 자신이 얼마나 사격을 잘했는지 아냐며 지금은 사물을 볼 때 중심이 안 잡힌다고 했다. 사격을 하면 항상 만점을 받기로 유명했는데 그게 안 될 것 같다며 안경을 마음에 들어하지 않았다. 어지러운 건 참겠는데 내가 보는 각도와 실제 각도가 안 맞으니까 안 되겠다는 것이다.

이런 경우는 안경을 처음 쓰는 사람의 경우에 종종 볼 수 있는 일이다. 처방받은 도수를 실제 눈 상태에 적용하려면 차이가 있어서 조금 조정해줘야 안경에 적응할 수 있다. 안과에서는 안경 제조 후에 실제로 안경을 쓰면 어떤 변수가 나타날지 고려하기가 어려워 원칙적으로 완전교정 처방을 하는 경향이 있다. 이분을 만족시키려면 안과 처방대로 맞출 수가 없어서, 나는 난시를 빼고 안경을 맞춰보자고 제안했다. 이분이 "이 정도면 좋다"고 해서 그 안경으로 맞춰갔다.

그런데 서너 달이 지난 후 이분이 다시 오셨다. 더 잘 보이기를 원한다는 것이다. 처방전의 기록이 남아 있었기 때문에 안과에서의 검안 기록대로 해보겠다고 했더니 그건 도저히 못 쓰겠다고 했다. 그렇다면 안과에 다시 한 번 다녀오시는 건 어떻겠냐고 권했다. 고객은 "안과 가봐야 별 차이도 없다"며 내 의견대로 하겠다고 해서 난시를 교정하되 비록 잔여 난시가 조금 남지만 사축을 편안한 정축으로 잡아주기로 했다. 고객은 난시를 뺀 안경보다는 훨씬 잘 보인다고 만족해하며 가셨다.

그러나 거기서 끝이 아니었다. 한 달 후 또 방문한 고객은 "난시를 넣으면 더 어지럽다"면서 힘들다고 하셨다. 난시가 들어간 안경은 고개를 돌리면 물건이 휘어 보이기 때문에 충분히 그럴 가능성도 있었다. 그래서 나는 난시 뺀 안경을 쓰기를 권했다.

이분은 이후로 다른 안경원에서는 안경을 못 맞추겠다며 단골이 되었다. "내가 눈에 대해서 좀 예민했는데 손 사장한테 많이 배웠다"면서, 다른 곳으로 매장을 옮겨가도 수소문을 해서 찾아오곤 하셨다.

안과에서 하는 검안 vs 안경원에서 하는 검안

검안이라고 하면 안경원에서도 하지만 안과 병원에서도 한다. 안과에서 시력검사를 하면 의사가 직접 한다고 생각하는 사람들이 많은데, 안과의사는 대부분 그보다는 눈의 치료나 수술 등에 집중을 한다. 실제 시력검사는 고용된 안경사를 통해 이루어지는 곳도 많다. 대개는 20~30대의 젊은 검안사들이다.

우리나라는 검안사 제도를 따로 두고 있지 않기 때문에 사실상 안경사가 검안사를 겸한다. 검안 영역은 안과와 안경원에 한 발씩 걸쳐놓은 모양새다. 안경사 면허증을 따면 그 사람은 안과에 가서 검안을 하거나 안경원에서 안경사를 하면서 검안을 하게 된다. 안경을 맞추기 전에 안과에 가서 시력검사를 하고 안과의사가 적어주는 도수를 받아가지고 안경원으로 가서 안경을 맞추는 사람들도 있다. 이럴 경우에는 현재의 의료 시스템을 이해하고 있어야 선택에 후회가 없다. 이때 시력검사는 안과에 있는 안경사가 하고, 안경의 조제는 안경원의 안경사가 하게 되는 것이다. 효율성으로 따진다면 그보다는 검안부터 안경의 조제까지 한 사람이 책임지고 맞춰주는 것이 합리적일 수도 있다. 선택은 소비자의 몫이다.

피팅을 포함해 안경의 조제 가공까지 책임져야 하는 안경사 입장에서 보면, 안경원으로 안과 처방을 들고 오는 경우에 결과적으로 무리한 처방일 때가 있다. 안과의사는 원칙적으로 완전교정 처방을 하는 경향이 있기 때문이다. 정상 시력을 1.0이라고 할 때 도수를 1.0으로 딱 맞게 맞추는 것을 완전교정이라고 한다.

그런데 안경을 맞추다 보면 모든 사람들의 조건이 같지 않아서 1.0 도수를 쓰지 못하는 사람들이 많다. 뇌가 거부하는 것이다. 오히려 뇌는 쉽고 편안한 적응을 하기 위해 도수를 살짝 낮춰주는 것을 좋아한다. 교정시력이란 원래 자신의 눈으로 보던 것과 다른 것이기 때문에, 최상의 시력으로 맞춰주면 어지럽거나 머리가 아픈 경우도 많다. 안과 처방대로 완전교정을 하고 사람이 안경에 적응하라고만 할 수는 없다. 도수를 바꿔서 안경을 맞출 때 어지럽다고 말하면 "착용하다 보면 적응되니까 그렇게 쓰세요"라고 말하는 경우가 많다. 안경을 오래 착용한 사람이라면 이 말을 들어본 적이 있을 것이다. 이게 과연 바람직한 일인지는 의문이다.

안경을 오래 쓴 사람들 중에는 도수 높이는 걸 싫어하는 경우가 많다. 6개월 지나서 높이고 그다음 6개월 지나서 또 높이다 보면 계속 불편함을 느껴야 한다. 그런 사람들은 자녀들에게 안경을 맞춰줄 때도 "도수 너무 높이지 마세요" 요구하기도 한다. 자신이 경험해봤기 때문이다.

완전교정 vs 저교정, 사람 따라 다르다

안과의사들은 도수가 결정된 이후의 과정에 대해서는 잘 알 수가 없다. 도수만 책임지기 때문에 안경을 쓴 이후의 적응 상황까지 고려할 수 없고 피드백을 받기도 어렵다. 그러나 오랜 경력을 가진 실력 좋은 안경사는 완전교정, 저교정 등 여러 가지 처방을 염두에 두고 안경을 맞춘다. 저교정을 해서 편안한 것이 맞는 사람에게는 그걸 적용한다. 실력 좋은 안경사는 자신의 기준점이 있어서 차이점을 정확하게 짚어낼 수 있다. 안과 처방이 어지럽다 해도 '설마 의사들이 잘못 처방했을까' 라는 믿음이 있으면 사람들은 높은 도수에도 빨리 적응한다.

그런데 안경원에서 한 처방이 조금이라도 어지러우면 곧바로 "도수가 너무 높은 거 아니에요? 눈이 빠질 것 같아요." 라는 클레임을 건다. 도수를 안 높이고 0.9에 맞춘 경우에도 "그래도 못 쓰겠으니까 바꿔주세요" 라는 말이 나오기도 한다.

고객들은 도수는 하나라고 생각하지만 그렇지 않다. 눈과 가장 직결된 것은 뇌이고 사람마다 뇌가 도수를 받아들이는 것이 다르므로, 어떤 사람은 완전교정을 해서 잘 보이게 해줘야 하고 어떤 사람은 저교정으로 편안하게 해줘야 한다. 눈이 예민하거나 뇌가 예민하면 클레임이 많은데, 그걸 잘 맞춰주면 "이 집은 잘 하는 집이야" 하는 소리가 나온다.

그래서 안경사는 사람의 성격, 성향도 알아차릴 수 있어야 한다. 긍정적인 사람, 부정적인 사람, 마른 사람, 예민한 사람 등 사람마다 다른 특성을 파악해야 한다. 예를 들어 마르고 밥도 잘 안 먹고 내성적인 아이들은 완전교정을 해주면 안 된다. 에너지가 없고 적응을 잘 못하기 때문에 저교정으로 해주면 만족감이 높다. 그런 아이들에게 완전교정을 해주면 머리가 깨질 듯이 아프다. 인간은 조금 덜 보여도 몸에 배면 거기에 적응할 수 있다. 어지러운 걸 못 견디는 아이가 참고 있으면 성격은 더 까칠해질 수 있다.

반면 쾌활하고 활동적인 아이들은 완전교정을 해줘도 "어우 잘 보여요" 하면서 금방 적응한다. 어른들도 마찬가지로 대화를 해보면서 그 사람을 파악해야 한다. 항상 50%의 확률을 가지고 성공할 수도 있고 실패할 수도 있지만, 경험 있는 안경사라면 사람에 맞게 처방할 확률을 훨씬 높일 수 있다. 이 점을 제대로 만족시켜 줄 수 있으면 아무리 안경원이 외곽에 있어도 잘 되는 곳이 된다. 가격이 싸다고 해서 잘되는 것만도 아니다. 디테일한 부분을 해결해주지 못하면 아무리 싸도 고객은 안 온다. 결국 고객마다 맞는 처방을 할 줄 알아야 하는 것이다.

새로운 매장이 오픈하면 고객들은 테스트를 한다. 특히 나이 드신 분들이 있는 동네 장사에서는 고객들이 일단 의심부터 한다. '잘할까?' 의심하지만 이 테스트에 통과하면 금세 소문이 돈다. "야 거기 잘해" 하면서 평판이 만들어진다. 나이가 좀 있는 고객이라면 안경을 30년 이상 낀 사람도 있을 것이다. 그 정도면 안경 공부를 하지 않았어도 자기 눈에 대해서는 박사다. 오래 안경을 꼈던 사람이 "내가 안경을 30년 꼈는데 집에 가니까 눈이 빠질 것 같다"라고 느끼면 "그 집 실력 없어, 가지 마"라는 평가가 퍼진다. 아무리 대도시라도 몇 다리 건너면 아는 사람이 나오는 게 세상이기 때문에 소문은 금방 퍼진다.

가격이나 마케팅 프로모션도 중요하지만 일단 전문가로서 실력부터 갖추어야 안경사는 성공할 수 있다. 기본적으로 사람에 따라 처방이 달라진다는 것을 알아야 하며 전문가로서의 실력뿐 아니라 사람에게 관심을 가지고 지혜롭게 대할 수 있는 능력도 갖춰야 한다. 얇은 지식으로 돈을 많이 벌면서 편하게 일할 수 있는 직업은 없다.

4th Change

공장형 할인

“확실한 차이가 있어야 마음을 움직인다”

자존감을 떨어뜨린 그날의 한 마디

안경사는 국가 공인 면허증을 소지한 전문가이다. 내가 공부할 때는 전문대학만 있었지만 지금은 4년제 대학에서 공부하고 안경사 면허증을 취득하는 사람도 있다. 나에게 안경사 면허증은 행운이었고, 이 면허증이 없었다면 지금의 내가 없었을지도 모른다는 생각이 든다. 그래서 나는 안경사라는 직업을 존중하고 사명감, 책임감을 가지고 최선을 다해 일하려고 한다. 절대 실수가 없어야 되고 고객이 만족할 수 있도록 철저해야 한다.

그러나 세상을 살면서 모든 일이 내 뜻대로 되지만은 않는다. 특히 직원들을 나와 같은 마인드로 무장시키는 것은 어려운 일이다. 그렇다고 대형 매장을 열어놓고 나 혼자 일을 다 할 수는 없는 노릇이어서 항상 긴장감을 놓을 수 없다. 가지가 많으면 바람 잘

날 없다는 말처럼, 직원이 많으면 매달 1명씩만 애를 먹여도 1년 내내 스트레스에 심하게 시달리게 된다. 일일이 간섭할 수도 없고 개인의 능력에 따라 결과도 달라서 참 어려운 게 전문직 매장인 것 같다. 2004년 어느 날 나를 지치게 만든 그 사건이 터진 후로 나의 의욕은 완전히 바닥으로 다운되어 버렸다.

"우리가 봐준 것인지나 아세요"

어린아이를 앞세운 젊은 엄마는 화가 많이 나 있었다. 1년 전에 안과 처방을 들고 우리 안경원에 와서 안경을 맞췄다고 했다. 그런데 1년 가까이 쓰다가 오늘 안과에 가서 알게 됐는데 안경렌즈가 왼쪽 오른쪽이 바뀌었다는 것이다.

외근 중이었는데 전화기 너머로 직원의 다급한 목소리가 들려왔다. 고객이 사장 만나기를 원하니 빨리 들어오라고 했다. 갑작스러운 마음은 뒤로 하고 얼른 가보니 아이의 엄마가 나를 보자마자 훈계를 시작했다. 입이 열 개라도 사실 할 말이 없었다. "죄송합니다. 미안합니다. 다 제 잘못입니다. 제가 직원 교육을 잘못시켜서 그렇습니다. 주의하겠습니다." 그날은 세상에 태어나서 잘못했다는 표현을 제일 많이 한 날이었다. 누가 봐도 변명의 여지가 없었기 때문에 내가 할 수 있는 최선의 방법은 진심을 담은 사과와

반성밖에는 없었다.

안경에는 초점이란 게 있는데, 이것은 도수 차이보다 더 중요한 것이다. 보통 사람들은 좌우 시력이 차이가 많이 나면 도수 때문에 좌우 렌즈가 바뀌면 안 되는 것이라고 생각할 것이다. 그런데 좌우 도수가 같은 경우에도 이건 마찬가지다. 예를 들어 좌우 시력이 0.5로 똑같더라도 오른쪽 렌즈가 왼쪽으로 가면 초점이 달라지기 때문에 도수가 달라지는 것보다 더 심각한 문제일 수 있다. 이것은 마치 오른쪽 신발을 왼쪽에 신은 것처럼 불편한 일이 된다.

좌우가 바뀌지 않게 여러 번 확인 작업을 했어야 했는데, 직원이 실수로 바꿔놓은 것이 문제였다. 부모 입장에서는 이것이 충분히 있을 수 있는 일은 아니었을 것이다. 그건 절대 일어나서는 안 되는 실수였다. 아이가 안경을 쓰는 것도 부모 입장에서는 마음 아픈 일일 텐데 좌우 렌즈가 바뀌었으니 한마디로 난리가 났다.

한참 훈계를 늘어놓던 아이 엄마는 조금 마음이 풀렸는지 목소리를 가라앉히고 "뭘로 보상해줄 겁니까?" 물었다. 그리고는 집에 들어가서 가족회의를 한 다음에 연락하겠다고 했다. 나도 그날 직원들에게 엄청 화가 나서 잔소리를 해댔다. 스트레스를 풀 방법이 없어서 친구를 붙들고 술만 진탕 먹었다.

그다음 날 아이 엄마는 매장으로 다시 방문했다. 가족회의를 했는데 안경렌즈를 무료로 교체해주고 50만 원 상당의 아이 교재 값을 지원해 달라고 했다. 생각지도 못했던 이야기라서 순간 속으로 깜짝 놀랐다. 그러면서 아이 엄마는 말을 이어갔는데, "가족회의 할 때 사장님 이야기가 나왔어요. 다리가 불편하시니까 우리가 많이 봐주는 겁니다"라고 했다. 방송사에도 아는 사람이 많고 해서 이걸 공론화시킬 수도 있는데 사장님 봐서 이만한 선에서 용서해주는 줄 알라 했다.

나는 웃으면서 감사하다고 대답했다. 그러나 그날 고객이 던진 한마디는 나의 자존감을 한없이 떨어뜨려 놓았다. '나를 전문가로 보지 않았구나' 싶었고, '내가 그렇게 불쌍해 보이나' 싶었다. 직원의 실수를 빌미로 나의 신체적인 약점을 건드리다니 자존심이 상했다. 나는 몸이 불편해도 보통 사람들보다 더 완벽하게 일하고 행동하는 사람인데 남의 약점을 그런 식으로 연결하다니 마음에 교통사고가 난 것 같은 기분이었다.

직원들에게 매장을 물려주는 조건

그날 이후로 스트레스는 쉽게 사라지지 않았고 일할 의욕이 바닥으로 떨어져버렸다. 몸은 정말 바쁘게 하루를 보냈고 돈은 벌지 모르겠지만 건강한 존재감을 느낄 수가 없었다. 매장에 들어가면 내 가게 같지가 않았다. 잠시 들렀다 가는 정거장 같았다. 안경원이 진짜 하기 싫었다.

안경원 운영을 중단하고 잠시 쉬어가는 공백 기간을 가지기로 했다. 정신적으로 너무 힘들었다. 욕을 얻어먹으면서까지 안경원을 계속하고 싶지가 않았다. 그때 그 아이 엄마의 표현은 지금 생각해도 잘못됐다는 생각이 든다. 물론 자신은 아무런 생각 없이 가볍게 한 말이겠지만 듣는 나에게는 상당히 충격적인 말이었다. 그래도 지금은 직원 교육을 할 때 현장 경험의 본보기로서 이야깃거리가 되어주고 있다. 내가 그런 욕을 얻어먹지 않도록 몇 번을 확인하고 또 확인해서 완벽하게 안경을 만들라고 이야기하고 있다.

결국 매장에서 일하던 직원에게 안경원을 넘기고 나는 쉬기로 결정했다. 이렇게는 도저히 안 되겠다 싶었다. 고객을 직접 대면하는 소매점은 더 이상 하기 싫었다. 한 달 매출이 1억 원에 육박할 정도로 장사가 잘 되는 최고점을 찍는 순간이었지만 미련은 없었다.

안경원에 대한 자산 평가를 직원이 해왔고 그 금액대로 넘기기로 했다. 나의 조건은 간단했다. "돈은 당장 안 줘도 된다. 30개월 줄 테니 벌어서 갚아라"라는 것이었다. 직원들이 장사를 해봤고 손님들도 다 아니까 어려울 건 없었다. 다만 한 가지 당부를 덧붙였다. "너희들도 받았으니까 후배들 가르치고 있다가 적당한 어느 순간에 먹고살 만하거든 나한테 받은 것처럼 그대로 줘라."

도매라는 험한 길을 가려면 소매도 필요하다

안경원을 직원에게 넘기고 30개월 분할로 돈을 받기로 했을 때 사람들은 "저 잘 되는 매장을? 미쳤어?"라며 말들이 많았다. 아무리 진심을 말해도 사람들은 잔머리 쓰는 거 아니냐며 믿지 않았다. 다른 사람들 생각으로는 말도 안 되는 이야기일지 모르겠지만, 시간을 길게 잡아서 그렇지 받을 건 다 받았다.

안경원을 접고 나서 나는 한동안 쉬겠다고 생각했지만, 쉬는 기간은 그리 오래 가지 못했다. 일을 하던 사람이 한두 달 쉬었더니 좀이 쑤셨다. 뭔가를 해야겠다고 생각했는데 다른 일을 찾고 싶지는 않았다. 안경과 관련된 일을 생각하다 보니까 결론은 안경 도매를 해봐야겠다는 것이었다. 소매만 했던 사람이 도매로 전업을 하겠다고 선언하니까 주위에서는 신기하게 생각했다.

이전부터 거래하던 안경렌즈 거래처 사장님 중에는 "힘들 텐데 뭐 하려고 이걸 하냐. 차라리 내 걸 인수해라"라고 말하는 사람도 있었다. 스스로 개척해보겠다며 거절했다. 이건 유통의 일이고 나에겐 다소 도전적인 것이었다. 그래도 직원의 실수 같은 스트레스는 없을 것 같았고 따로 기술을 배워야 하는 건 아니니까 어렵지 않을 것이라고 생각했다.

당시 도움을 많이 주던 대학교 선배 한 분은 엄청 화를 냈다. "선배님, 사업에서 소매 도매가 뭐가 중요합니까. 소매가 도매 할 수도 있고 도매가 소매 할 수도 있는 것 아닙니까!"라고 했지만, 선배는 상도가 있는데 그렇게 하면 안 된다며 나무랐다. "지금 업계를 보면 도매가 소매하는 경우가 많습니까? 소매가 도매로 진출하는 게 많습니까?" 나는 반문했다.

주위를 둘러보면 도매를 하면서 안경원을 하는 사람은 많지만, 소매를 하다가 도매를 하는 사람은 없었다. '도매가 소매를 하는 것은 괜찮고 소매가 도매를 하면 상도에 어긋나는 걸까?' 이해가 되지 않았다. 소매보다는 도매가 훨씬 규모가 크기 때문에 영세한 소매 출신이 도매를 하는 경우는 드물었다. 나는 사업을 좀 더 키워보고 싶었고 소매 출신의 도매업자도 성공할 수 있다는 걸 보여주고 싶었다.

새로운 길에는 새로운 돌부리가 있었다

도매 품목을 안경렌즈로 정하고 어떤 회사의 물건들을 유통시킬지 정하기 위해 나는 제조 공장들을 찾아다녔다. 우리나라에는 안경렌즈 제조회사가 메이저급이 많지 않다 보니까 신생 도매업체가 거래를 뚫으려면 어려움이 있었다. 제조회사는 기존 도매업체에서 압력이 들어올 걸 걱정해 물건 주기를 꺼렸다. 거래를 넓히려면 신생 업체에도 물건을 뿌리면 좋겠지만, 대형 도매상들이 "그쪽에 물건 주면 우리는 거래 끊을 겁니다" 해버리면 어쩔 수 없었다. 그래서 대형 제조회사와는 거래를 트지 못하고 아직 잘 알려지지 않아서 유통 라인이 활성화가 안 됐지만 품질은 좋은 곳을 찾아야 했다.

새로운 길을 걷는 데에는 새로운 어려움이 있었다. 소매만 하다가 도매를 시작하니 결이 달랐다. 유통 품목을 확보하는 동안에 한동안 좋은 소리는 못 들었는데, 소매점인 안경원들에 유통을 시작했을 때도 어려움이 많았다. 내가 잘못한 게 아니어도 독박 쓰는 경우가 허다했다. 나도 안경사인데 소매점에서 전문적인 이야기를 하면서 클레임을 걸기도 했다. 내가 조목조목 대답을 해주면 소매점 안경사는 그들의 잘못인 경우에도 화를 내고 억지를 썼다. 그들의 갑질은 해결하기가 너무 어려웠다.

예전에는 안경렌즈 주문을 전화상으로 말로 전달했기 때문에 실수하는 경우가 있었다. 안경 도수 2D(Diopter, 안경 도수의 단위)가 필요한데 말로는 "안경 도수 3D을 보내주세요"라고 하는 경우도 있었다. 한번에 여러 품목을 주문하기 때문에 한두 개 실수로 잘못 부를 수도 있는 것이다. 그런데 "도매 쪽 직원이 잘못 받아 적은 것이다", "도매에서 잘못 보냈다"며 그 책임을 넘기며 무조건 잡아떼는 경우가 많았다.

내 입장에서는 상당히 억울했다. 나도 안경사이고 사실 따지고 보면 업계 선배인데 욕을 하는 사람도 많았다. 증거가 없어서 발생하는 일이기 때문에 나중에는 사무실 전화 통화 내용이 녹음되도록 시스템을 만들었다. 문제가 생겼을 때 녹음을 들어보면 10건 중에 9건은 소매점의 실수였다. 그런데 그것 또한 문제로 삼았다. 안경원 쪽의 실수를 확인시켜 주면 "그런 것 가지고 녹음을 하냐. 기분 나빠서 당신들이랑 거래 못하겠다"며 탐탁지 않아 했다. 정말 미치고 환장할 노릇이었다.

'도매가 아무나 하는 게 아니구나' 싶었지만, 도매를 활성화하기 위한 방법을 강구하는 수밖에 없었다. 대체 어떻게 하면 좋을지 생각하고 또 생각했다. 도매의 한계점이 보이는 듯했다. 내가 소매점을 할 때는 결제를 칼같이 해줬는데, 모두가 나같지는 않았다. 대금의 10%만 결제해주는 경우도 많았고, 두 번 세 번 다시 오라고 미루는 경우도 많았다. 물건을 사올 때는 내 돈 주고 사오는데 팔아놓고 결제도 못 받으니까 참 머리가 아팠다.

도매가 성공하려면 소매가 바탕이 되어야 한다는 생각이 절실히 들었다. 나만의 체인점을 갖춰서 내 물건을 팔아줄 수 있는 곳을 늘리면 안정적인 구조가 마련될 것이었다. 결국 나는 다시 소매 안경원을 열기로 결심했다. 이번에는 도매를 하고 있다는 점을 강점으로 살려서 마케팅 전략을 세우면 될 것이라는 확신이 있었다.

"아무래도 상권 공부를 다시 해야겠습니다"

도매 사업을 활성화시키기 위해서는 소매점을 가진 도매여야 한다 생각하고 나는 직영점을 열기로 했다. 도매를 시작한 지 2년 만의 결론이었다. 하지만 대구에서 안경원을 할 수는 없었다. 직원에게 물려줬던 안경원이 대구인데, 근처에서 매장을 차린다면 그것이야말로 상도가 아니었다.

도매를 끼고 있는 소매점이기 때문에 나는 마케팅 콘셉트로 '할인형 매장'을 생각했다. 장소는 구미를 염두에 두고 있었는데, 여기에는 대학 친구도 있고 선후배도 있었다. 당시 구미는 안경을 정말 비싸게 받기로 유명했다. 인근에 삼성, LG 등 대기업이 들어와 있는 구미공단이 있어서 물가가 정말 비쌌다. 내가 생각하는 비즈니스는 경쟁도 하고 할인도 하고 그래야 발전이 있는데, 구미의 안경사들은 대구나 서울보다 구미 가격이 비싸다는 걸 소비자들이 다 알고 있어도 별로 개의치 않았다.

소매점을 열 장소를 물색하기 위해 구미에 방문했을 때, 그날 내가 점찍은 곳은 구미 시내가 아니었다. 시내를 지나서 논밭이 펼쳐져 있는 외진 곳이었다. 시가지가 바로 옆이었지만 코너 자리에 사람이 안 다니는 완전한 외곽 지역이었다. 덩그러니 한 채의 건물이 막 지어지고 있었는데, 외진 곳의 큰 국밥집이 있을 법한 장소였다.

당시에는 안경원 하면 모두 시내에 자리잡고 있었다. 친하게 지내던 서울의 외무 영업사원이 나중에 방문해서 의아해하며 물었다. "대표님, 여기다 안경원 잡았어요?" 나는 당당하게 "왜?"라고 반문했다. 그는 갸우뚱거리며 답이 안 나온다는 듯한 표정으로 나를 바라보았다. 전국의 안경원이란 안경원은 모두 돌아다니면서 보는 사람인데 누가 봐도 아니다 싶을 정도의 자리였던 것이다.

경쟁을 피하면 도태되고 만다

상권으로만 따지자면 내가 오픈한 150평가량의 매장은 주위에 상가는 전혀 없고 건너편에 주유소만 달랑 있는 형편없는 상권이었다. 그러나 나는 자신이 있었다.

당시는 2006년쯤이었는데, 웬만해서는 차 없이 다니는 고객을 찾기 힘들 정도였기 때문에 나만 잘하면 반드시 성공할 수 있다는 확신이 있었다.

보통 매장 계약을 하고 나면 전략과 전술을 구상한다. '어떻게 하면 성공시킬 수 있을까?' 항상 오픈할 때마다 어렵다. 그래도 분명하게 지키는 한 가지 원칙이 있는데, 이제껏 해보지 않았던 콘셉트를 찾고 현재의 안경원들과 반대의 흐름으로 해보는 것이다. 예를 들면 비싸게 받는 안경원들이 주류이면 할인을 콘셉트로 하고, 저렴하게 받는 안경원들이 주류이면 고급화 매장으로 콘셉트의 변화를 준다. 한 번도 가지 않은 길을 가보는 것이다. 물론 말처럼 쉬운 것은 아니다. 그래도 명확한 나만의 기준과 확신이 있다면 반드시 행동으로 옮기곤 했다.

구미의 매장을 성공시키기 위해서는 두 가지 전략을 생각했다.

첫째, 도매를 끼고 있는 직영점답게 구미 시내의 안경원들보다 저렴하게 판매하는 것이다. 당시 구미의 시장 상황은 아주 좋았다. 구미 공단이 지속적으로 호황 상태에서 발전하고 있었다. 그래서인지 구미 시내의 안경원들은 너나 할 것 없이 충분한 값을 받으면서 영업하는 방식이 대부분이었다.

매장을 구상할 때 구미 시내에서 안경원을 하고 있는 대학 친구들을 몇 명 만나 이야기를 나눴다. "서로서로 단합하는 것에만 집중하다가는 미래에 언젠가 크나큰 마이너스가 발생할 수 있다. 사업은 경쟁을 하면서 서로 발전하는 것 아니냐. 가격 경쟁, 서비스 경쟁을 해야 한다"는 것이 나의 주장이었다. 당시 소비자들은 구미에서는 안경 맞추기가 비싸니까 대구나 서울로 가서 안경을 맞추는 일이 허다했다. 이걸 대학 친구들도 알고 있었지만 대수롭지 않게 생각했다.

그들의 안일한 태도를 보며 나는 가격파괴 정책을 마음에 굳혔다. '할 수 없지, 친구들 눈치 보며 살살 할 생각은 접어야겠다' 생각한 것이다. 구미의 소비자들이 먼 곳까지 갈 필요가 없도록 오픈 초기부터 구미 시내의 안경원들보다 아주 저렴하게 판매하는 것으로 계획을 잡았다.

둘째, 고객을 흡수할 수 있는 상호를 정해 적극 홍보하는 전략이었다. 내가 나온 고등학교는 구미시 장천면에 있는, 역사가 깊은 사립인 오상고등학교였다. 1951년에 설립된 학교라서 동문들이 구미 근처에 엄청나게 많이 살았다. 그 고객들을 흡수하기 위해 '오상안경'이라고 상호를 등록했다. 오픈 날 축하한다며 거래처 직원들이 많이 왔는데, 그중에는 "대표님, 아니 좋은 자리도 많은데 왜 이런 데 하셨어요?" 하고 걱정하는 사람이 많았다. 그때마다 나는 "자리가 뭐 중요하노?" 하고 웃으며 대답했다. 결과적으로 두 가지 전략은 모두 예상대로 통했다.

내가 가진 것을 십분 활용하라

그동안 비싸게 안경을 맞추던 구미의 소비자들은 안경이 싸다는 입소문을 듣고 미어터지게 오기 시작했다. 주말이면 손님이 줄서서 밀려들어와 정말로 말도 못하게 바빴다. 직원들이 밥을 못 먹을 정도로 손님이 많았다. 지금 생각하면 그때가 현장에서 뛰면서 가장 바빴고 재미있었던 때였다.

상호를 보고 질문하는 사람도 많았다. 고객이 오상고등학교를 나왔다며 "상호가 왜 오상안경입니까?" 물으면, "제가 오상고등학교 39기입니다" 하고 정중하게 인사했다. 나이 많은 어르신들은 "어 그래, 내 후배로구먼! 열심히 해" 하고 돌아가 주위 분들에게 소개해주셨다. 우리나라의 학연을 실감할 수 있는 순간들이었다.

"소문 들었어요. 대표님, 대박나셨다면서요?" 몇 달 후 안경원 위치를 걱정했던 서울의 외무 영업사원이 와서 웃으며 말했다. "봐라, 내가 그때 뭐라 카더노! 된다 안 하더나!" 했더니 "대표님 저도 이때까지 안경 밥 먹으면서 전국 안 다닌 데 없고 좀 안다고 생각했는데, 아무래도 상권 공부를 다시 해야겠습니다"라고 했다.

그는 상상도 못했던 일이 벌어졌다며 놀랐지만 사실 비법은 따로 있었다. 잘 나가던 국산 브랜드 같은 경우에는 다른 곳에서 10% 할인해줄 때 우리 안경원은 50% 할인을 했으니 그야말로 파격적이었다. '안경원이 굳이 좋은 데 있을 필요가 있을까? 고객 만족만 시키면 외곽에 있어도 올 것이다'라는 확신으로 나는 "왜 안 돼?"라고 말했던 것이다. 시대가 바뀌면 상권의 해석도 바뀌어야 한다. 고객 만족이 가능하면 내가 앉은 자리가 바로 명당이다. 이것은 지금도 마음속에 간직하고 있는 변함없는 원칙이다.

"대표님은 왜 시내 중심 상가에 오픈 안 하세요?"라는 질문을 많이 듣는다. 그때마다 나는 상권의 기준을 두 가지로 설명한다. 하나는 돈의 힘, 또 하나는 실력의 힘이다. 상권이 좋은 곳은 자본이 있으면 누구든 그곳에 들어가서 성공할 수 있다. 그러나 그것은 나의 성공이 아닌 돈의 성공이다. 반면 실력이 있는 사람은 위치가 좀 안 좋더라도 크게 문제가 안 된다. 실력이 있으면 고객들이 찾아오기 때문이다.

인생이란 본디 성취감으로 살아가는 것이라고 생각한다. 성취감을 한 번 맛본 사람은 그것을 추진 동력으로 삼아 미래의 발전을 도모한다고 해도 과언이 아니다. 나 또한 부의 축적이 아닌 성취감으로 살아가는 사람이다. 힘들고 어렵지만 그것을 이루어내고 만들어내면 자기 자신에 대한 믿음과 자신감으로 온몸이 채워진다. 만천하를 얻은 것과 같은 기쁨으로 짜릿해진다.

지금도 후배들이나 직원들에게 당부하곤 한다. 장사에 관해 알려준다는 컨텐츠들을 보면, "장사는 상권"이라고 하는 내용이 참 많다. 틀린 말은 아니지만 그게 전부는 아니다. 실력을 알릴 수 있다면 조금 모자라는 위치라도 충분히 극복할 수 있다. 우선은 자기

분야에서 최고의 실력을 갖출 수 있어야 한다. 원래 장사는 돈 없는 사람이 부자가 될 수 있는 지름길이니까 자본에 너무 얽매이지 않아도 된다고 생각한다.

가격파괴 정책이 마냥 순탄하진 않았다

구미의 안경원에서 가격파괴 콘셉트를 유지하면서 일이 순탄하기만 했던 건 아니다. 다른 안경원보다 파격적인 할인을 시도했기 때문에 불만이 생긴 안경원들이 도매업체에 항의하는 일이 잦았다. 안경렌즈는 도매를 하고 있었지만 안경테는 직접 도매를 하고 있지 않아서 생긴 문제였다.

예를 들어 공장에서 안경테가 나오고 도매업체가 같은 안경테를 여러 소매점에 단가 3만 원에 뿌리면서 소비자가를 10만 원으로 책정해놨다고 해보자. 그걸 7만 원에 팔든 9만 원에 팔든 그건 소매점 매장에서 알아서 할 일이다.

만약 A안경원에서는 10만 원에 팔고 B안경원에서는 9만 원에 판다면 그걸로 큰 문제는 발생하지 않을 것이다. 그런데 C안경원이 등장해서 반값 할인으로 5만 원에 팔기 시작하자 잡음이 생겨난 것이다. 게다가 반값 할인을 하는 C안경원이 작은 매장이라면 신경이 덜 쓰일 텐데, 이곳이 대형 매장이라면 소비자는 너도 나도 '예전에 A안경원, B안경원에서 비싸게 샀네'라고 생각하게 된다. 그 와중에 타격을 받은 A안경원, B안경원이 도매로 항의를 하는 상황이 벌어진 것이다.

문제가 불거지자 어떤 도매상은 "우리 물건은 싸게 팔지 말아달라"며 회수해가겠다고 했다. 이것은 소매의 생리와 도매의 생리가 다른 부분이었다. 내가 저가 정책을 잘 써서 아무리 더 많이 팔아줘도 다른 모든 소매점에서 파는 총 판매량보다 많지는 않다. 예를 들어 내가 저가 정책으로 3개를 팔아도 10군데 소매점에서 1개씩 팔면 10개를 파는 것이기 때문에 도매 입장에서는 10군데 소매점에서 항의가 들어오면 스트레스받고 귀찮은 상황이 될 수 있다. 그래서 도매업자 입장에서는 "내가 상황이 어렵다"면서 우리 안경원의 물건을 빼가면서 잡음을 없애려고 시도했던 것이다.

마케팅을 어떻게 할지는 내 맘이다

프랜차이즈 사업을 하는 본사의 시선에서 볼 때도 그런 경우가 있다. 본사에서 물건을 10개 매장에 똑같은 걸 뿌린다. 가격은 1만 원으로 책정돼 있는데, 어떤 매장주가 이것을 혼자 5천 원에 팔겠다며 내놨다. 손해인데 왜 그 짓을 하냐 싶지만 5천 원짜리를 매개로 사람들을 모이게 하고 그 5천 원짜리를 사는 사람들에게 다른 상품을 붙여서 팔려고 미끼 상품으로 던지는 것이다. 영업력이 좋은 사람이 자신감으로 시도해볼 수 있는 전략이다. 그런데 정해진 매뉴얼대로만 하는 다른 매장주들이 그걸 이해하지 못하고 본사 직원에게 "저기는 왜 1만 원짜리를 5천 원에 파냐"고 항의하는 경우가 있다. 본사 입장에서는 사실 모두가 중요한 매장이다. 저가 정책을 폈던 그 매장주는 장사를 잘하는 사람일 확률이 높지만, 나머지 점주들이 인원수가 더 많고 총 판매량을 감안한다면 항의를 안 받아줄 수는 없다.

나의 경우에도 마찬가지였다. "당신들 물건 안 받을 거야", "혹시 오상안경에서 받아먹은 거 없냐"고 말이 험해지는 소매점의 등쌀에 도매업체들이 견디지 못했다. 그들은 제값에 팔든가 아니면 우리 회사 물건은 가져가겠다고 하소연하기 일쑤였다. 나의 경쟁자들은 나와 마케팅 경쟁을 한 것이 아니라 도매업체 담당자에게 화풀이를 함으로써 문제를 헤쳐나가려고 한 것이다.

그나마 나에게 직접 전화를 해서 항의하던 사람들은 좀 나은 편이었다. 친구도 선배도 전화를 걸어와서는 "적당히 좀 해라"라고 화를 내기도 하고, "좀 살살 해라"라고 달래기도 했다. 항의하는 안경원이 얼마나 많았는지 도매업체나 안경사 지부에서 공문이 날

아오기도 했다. 그렇지만 지부까지 동원해서 딴지를 거는 것은 분명 공정거래법 위반이었다. 담합으로 간주할 수 있는 행동이었다. 우리 안경원을 방해하기 위해 가격 경쟁이나 마케팅 전략이 아닌 다른 수단을 동원하기도 했다. 보건소에 과대광고로 고발하는 사람도 있었다.

그러나 비즈니스는 비즈니스로서 얘기를 해야지, 내가 짠 전략을 내려놓으라는 것은 내 사업에 개입해서 그들 마음대로 하겠다는 얘기였다. "지 혼자 먹고살려고 하네", "나쁜 놈이네"라고 말하는 그 분위기에 휩쓸릴 수는 없었다. 인간 손재환으로서는 충분히 이해가 가지만, 사업가 손재환으로서는 절대 받아들일 수 없는 일이었다. 나는 업계 사람들에게 좋은 이미지를 얻자고 사업을 하고 있는 것이 아니었다. 내가 바라봐야 할 사람들은 오로지 소비자들이었다.

비즈니스와 인간관계를 혼동하지 마라

사업가 손재환으로서 나는 좋은 사람이 아니라 좋은 사장이어야 한다. 내 직원, 내 비즈니스, 내 회사를 보호하는 것이 내가 해야 할 일이다. 경쟁사의 편한 비즈니스를 위해서 소비자의 호응을 얻고 있는 우리의 전략을 거둘 수는 없었다. 나는 '배째라'로 응수할 수밖에 없었다. 다른 소매점이 항의를 한다고 해서 나에게 물건 공급을 안 하면 그것이야말로 불법이 아닌가. 도매상이 같은 도매가로 소매점에 물건을 넘겼으면 그 이후에 어떻게 팔지는 각자의 마음이다. 가격을 낮추는 것이 불법도 아니고 소비자에게 부도덕한 일도 아닌데 물러설 수는 없었다. 나는 치열한 전투를 선택했다.

지금이야 전국에서 너도나도 저가 콘셉트를 달고 안경원을 하고 있어서 괜찮을지 몰라도, 당시에 가격파괴 정책을 선도하는 입장에서는 난리도 아니었다. 가격표를 바꾸고 소비자 대응만 하면 끝나는 일이 아니었다. 끊임없는 잡음 속에서 물러설 수 없는 한판 싸움이 돼버리는 상황이 계속되었다. 다른 사람들은 이것이 귀찮고 스트레스 받는 일이라서 시도하지 않았지만, 나는 비즈니스 관점에서 바라보았기 때문에 물러설 수 없었다.

사실 이런 일은 모든 분야에서 있을 수 있는 일이다. 그래서 옛말에 돈을 벌려면 욕을 얻어먹어야 한다는 말이 있나 보다. 좋은 소리만 듣고는 비즈니스를 선도하지 못한다. 많은 사람들이 비즈니스와 인간관계를 구분하지 못하고 혼동한다. 그러나 철두철미하게 비즈니스와 인간관계를 분리할 수 있어야 사업이 가능하다. 사업적인 마인드와 인간관계 마인드는 다른 경우가 많다. 다른 정체성을 가지고 임해야 하는 일이다. 누구나 여러 종류의 캐릭터를 가지고 살아가지 않는가. 업계 사람들은 나를 자기 혼자 살려는 나쁜 놈으로 봤지만, 그들이 아니라 소비자들이 나를 평가해야 한다고 생각했다. 업계 사람들이 나를 평가하는 것은 평가라고 할 수 없었다. 내가 나쁜 놈인 건 그들의 개인적인 이익 측면에서 봤을 때 할 수 있는 이야기였다. 소비자가 만족하고 있다면 그것이야말로 내가 해야 할 일인 것이다. 인간 손재환이 아니라 비즈니스를 하는 손재환, 게임 체인저 손재환으로서 나는 일할 뿐이었다.

궁극적인 해결책,
나만의 브랜드 만들기

안경테 가격을 둘러싼 싸움은 해결될 듯 해결되지 않았다. 이해관계가 얽히고설켜 있어서 계속 이렇게 말썽이 생기면 장기적으로는 한계가 있을지도 몰랐다. 그렇다고 물건 없이는 내가 원하는 마케팅 전략을 마음대로 쓸 수 없다며 소매점의 한계에 굴복할 수는 없었다. 기존의 업계 생태계에 피해를 주지 않으면서 내 매장에서 내 마음대로 소비자에게 공급하려면 어떻게 하면 될까? 결국 나만의 안경테, 나만의 브랜드를 만들어야 한다는 걸 깨달았다.

나는 안경테 제조에도 뛰어들겠다고 결심했다. 1960년대, 1970년대에는 물건을 만들 때 공장 한 곳에서 모든 공정이 다 이루어지는 원 스톱 시스템이었다. 그렇지만 지금은 분업화로 인해 여러 공정이 여러 곳에 나뉘어 있다. 자동차를 만들 때도 현대차 공장에서 모든 공정이 이뤄지지는 않는다. 나만의 브랜드를 만들기 위해 직접 제조에 나선다는 것이 불가능한 일도 아니었다.

처음이었던 도매에 뛰어들었던 것처럼 제조는 아무것도 몰랐지만 직접 하기로 결심하고 즉시 배울 수 있는 사람들을 쫓아다녔다. 사업을 장기적으로 탄탄하게 만들고 시장을 선도하기 위해서는 제조까지 할 수 있는 능력을 갖추어야 한다고 확신하고 실천에 옮겼다. 제조 방법과 공정, 비용 산정, 자재 공급 루트 등을 배우고 직원들도 해외 출장을 보내면서 본격적으로 공부하고 실습했다. 직원들도 물건을 받기만 했지 제조는 잘 몰랐기 때문에 하나씩 하나씩 연구에 정성을 들였다. 안경테는 국내에서도 만들지만, 당시 중국에서도 제조를 해서 들여오는 루트가 있었기 때문에 그 모든 걸 다 배우기 위해서 중국 출장도 자주 갔다.

수업은 혹독하고 수업료는 비쌌다

처음에는 제조 공정을 잘 몰라서 아는 대로만 만들다 보니까 원하는 대로 물건이 예쁘게 나오지 않아 곤란했던 적도 많았다. 우리가 얼마나 제조를 몰랐는지 처음에는 정말로 어려운 아주 가는 실다리 안경도 시도했을 정도다. 시행착오는 사실 당연한 결과였다. 제조는 아무나 하는 것이 아니지 않은가. 우리가 원하는 물건을 만들기까지의 과정은 험난했다.

우리가 디자인하고 모델링해서 도면을 내면 각 공정별로 협력업체에서 부품을 만들어주고 다시 우리 공장에서는 마지막으로 조립하고 포장하는 공정을 끝낸다. 브랜딩을 위한 라벨링이 이루어지는 것이다. 이 완성품이 잘 나오려면 도금, 용접, 연마, 코팅 등 각 공정이 실수 없이 이루어져야 한다. 그런데 이게 오더와 다르게 나오는 경우가 초기에는 자주 있었다. 한마디로 불량이 생기는 것인데, 결과물을 보고 원인을 추적해가는 것도 쉽지 않았다. 각기 다른 공정의 협력업체들이 서로 다른 곳의 잘못이라고 핑계를 대곤 했기 때문이다.

전체 공정을 다 알면서 일을 장악해야, 상황 판단을 제대로 하고 불량의 원인을 잡아낼 수 있다. 그런데 처음에는 그게 이뤄지지 않아서 고생을 아주 많이 했다. 협력업체들은 영세한 곳이 대부분이다 보니까 어떻게든 불량에 대한 책임을 회피하려고 핑계부터 대는 일이 잦았다. 예를 들어 안경 다리 하나당 300원 받고 용접을 하고 있는데, 이런 곳에서 3천 원짜리 안경테를 변상해주고 싶지는 않았을 것이다. 그런 상황들이 우리를 어렵고 힘들게 했지만, 이곳 이야기도 들어보고 저곳 이야기도 들어보고 알아가다 보니까 나중에는 불량률을 줄이는 시스템을 만들 수 있었다.

또 나중에 안 사실이지만, 자재를 공급하는 거래처에서 우리에게는 10~20% 단가를 비싸게 받았다. 우리가 소매 출신이라 잘 모르는 점도 있었지만, 그들 입장에서는 오래된 거래처에 비하면 몇 번의 단기 거래로 끝날 수도 있는 곳인데 우리에게 좋은 조건으로 넘길 필요는 없었을 것이다. 나는 비용이 문제가 아니라 그 제조의 세계로 진입하는 것이 목적이었기 때문에 비싼 걸 알아도 모르는 척했다. 그야말로 비싼 수업료인 셈이었다. 나중에는 모든 단가를 다시 낮춰서 조정할 수 있게 되었는데, 그 사실 자체가 우리가 안정 궤도에 진입했다는 걸 의미했다.

지금은 다른 어떠한 안경원보다 애프터서비스(A/S), 가격적인 면에서 우수한 경쟁력을 가지고 있다고 자부한다. 그때는 힘들었는데 지금은 잘했다고 생각한다. 남들이 갖고 있지 않은 무기를 가지게 된 것이어서 한층 더 자신감이 생겼다. 앞으로 어떤 경우라도 나는 더욱더 성장하고 발전할 수 있을 것이라고 믿게 되었다. 사업은 다른 사람들이 갖고 있지 않은 것을 개발하고 자기만의 콘셉트와 기술을 가지고 있을 때 지속 가능한 것이다.

쓰리팩토리라는 이름으로 안양을 접수하다

구미의 오상안경은 치열했지만 시간이 지나면서 어느 정도 자리를 잡았다. 처음에는 대차게 욕만 하던 사람들이 3년이 지나고 5년이 지나자 너도나도 반값 할인을 하고 있었다. 여기를 가도 저기를 가도 소비자들은 고가였던 안경을 싸게 살 수 있었고, 안경원 매장들은 점점 비슷한 모습이 되어가고 있었다. 그것은 나만의 차별화된 콘셉트가 흐려지고 있다는 뜻이었고, 곧 위험 신호를 의미했다. 새로운 것에 도전해야 할 시기가 됐다는 걸 느꼈다.

고민 끝에 내놓은 콘셉트는 공장형 할인 매장이었다. 안경렌즈 도매에 이어 안경테 제조까지 섭렵했기 때문에 우리만이 할 수 있는 콘셉트였다. 확실하게 콘셉트를 각인하기 위해서는 이름에 심혈을 기울여야 했다. 대구는 우리나라 안경테 제조 공장의 90%가

집중돼 있는 곳이고, 그중에서도 '3공단'이 유명했다. 3공단에서 숫자 3을 따와서 '쓰리팩토리'라고 이름을 붙이기로 했다.

2011년 새롭게 오픈한 쓰리팩토리 매장은 '공장가'를 표방했다. 이전에 퍼져 있던 콘셉트인 50% 반값 할인보다 훨씬 싸게 보였고 실제로도 더 싸게 내놓았다. 우리가 직접 제조를 하고 있었기 때문에 가능한 일이었다. 당시 창고형 의류 할인매장인 오렌지팩토리가 유행해서인지 사람들은 이름에서 공장가라는 콘셉트를 바로 인지했다. 그리고 우리의 브랜딩 노력은 바로 성과로 나타났다. 멀리서도 사람들이 안경을 맞추려고 쓰리팩토리를 찾아 몰려들기 시작했다. 나를 주목하고 있던 업계 사람들까지 견학차 보러 오는 경우가 많았다.

이런 현상을 보면서 본격적으로 전국 프랜차이즈 사업을 해야겠다고 생각했다. 사실 그때까지의 프랜차이즈 사업은 지역 내 지인들이 먼저 '무극안경'의 이름 사용을 의뢰해 오는 경우가 대다수였다. 무극안경이라는 브랜드는 지금까지 대구·경북 제1의 브랜드였다. 그런데 쓰리팩토리에 사람들이 몰려드는 모습을 보면서 이제 자신감을 가지고 서울 수도권으로 진출해야겠다고 결심했다. 서울 수도권에는 연고가 없으니 본격적인 가맹 사업을 위해서는 영업사원을 더 동원해야 하고 험난한 길이 예상됐지만, 나는 도전하기로 마음먹었다.

"요즘 애들은 어디서 노니?"

수도권으로의 진출을 결정하고 나는 집도 아예 이사를 했다. 쓰리팩토리라는 이름을 퍼뜨리기 위해서는 우선 수도권에서의 첫 체인점을 직접 챙겨야 했다. 그런데 촌놈인 내가 어디로 가서 거점을 잡고 시작해야 좋을지 선뜻 결정할 수가 없었다. 막막해하던 차에 군포에서 고등학교를 다니고 있던 큰아들이 올라왔길래, 같이 밥을 먹으면서 이런저런 이야기를 하다가 "너희들은 주로 어디 가서 노니?"라고 물어보았다. 주로 안양 1번가를 간다고 했다. "그래, 안양이 크냐?"라고 물어봤다. 사람들이 많고 놀기도 좋다고 했다.

바로 서점으로 가서 지도와 필요한 자료를 사왔고, 안양의 위치와 주변 장소를 분석해보기로 했다. 서울에서도 가깝고 인구도 50만 명이면 어느 정도 규모가 있었다. 바로 안양으로 차를 몰고 가서 밤낮으로 다녀봤다. 지리를 전혀 몰랐기 때문에 첫째 날 둘째 날은 여기 갔다 저기 갔다 우왕좌왕했지만, 3일째 되니까 안양이라는 도시가 어느 정도 머릿속에 들어왔다. 그때 결론 내린 것은 인구는 많은데 인구밀집 지역이나 상권이 좁다는 것이었다.

그래도 나는 광역시에서 안경원을 경영했던 사람인데, 여기서도 못할 건 없겠다는 생각이 들었다. 승산이 있겠다는 자신감이 차올랐다. 대구에서 10년 전에 시내 중심가에만 안경원이 집중되어 있었던 것이 떠올랐다. 외곽에는 눈에 띄는 대형 매장이 없었지만 보기 좋게 성공시키지 않았던가. 안양에서도 중심가로 뛰어들어 피터지게 싸우고 싶은 생각은 들지 않았다. 나는 중심지에서 벗어난 장소라도 가리지 않고 쓰리팩토리 체인점을 열었다. 체인점들을 성공시키기 위해서는 본사에서 확실한 지원에 나서야 한다고 생각했다. 중심가가 아니었기 때문에 더 열심히 해야 했다. 이때 두 가지 전략을 세웠는데, 처음에는 조금 힘들었지만 얼마 안 가서 자리를 잡을 수 있었다.

첫째 전략은 '공장형 할인'이란 콘셉트에 맞춰서 제조 공장에서 만든 제품을 저렴하게 주는 것이다. 그리고 둘째 전략은 안경의 메카인 대구에 공장이 있는 브랜드라는 점을 어필하는 것이다. 많은 사람들이 '대구' 하면 안경과 섬유로 유명하다는 사실을 알고 있어서, 안경 공장 하면 대구를 떠올렸다. 실제로도 안경렌즈가 대전이라면 안경테는 대구가 중심지다. 나는 체인점들을 매일 돌면서 지원 사격을 했는데, 내가 경상도 사투리를 쓰면서 일하니까 "어머, 진짜 공장이 대구에 있나 봐" 하는 고객들이 많았다.

지금의 고객들은 아주 똑똑해서 뭐든지 앞뒤가 맞아야 한다. 제품을 너무 싸게 줘도 고객들은 불안해한다. '뭔가 문제가 있는 게 아닐까?' 싶은 것이다. 좋은 제품인데 싸게 주는 것이라는 신뢰와 이미지를 얻으려면 문맥과 스토리가 있어야 한다. 그렇지 않으면 고객들은 진정으로 믿지 않는다. '쌀 만한 하니까 싸게 주나 보다'

라는 생각이 들면 고객 만족은 없다. 브랜드 충성도도 당연히 생길 리가 없다. 그래서 대구에서 올라와 직접 판매하는 공장형 안경 매장이라는 스토리 마케팅으로 명분과 이유를 명확히 한 것이다.

대구에서 공장 하던 사람이 수도권에 올라온 것으로 했기 때문에 고객들은 '아 그래서 진짜 싼 거구나' 이해할 수 있었다. 마치 안동에서 찜닭 팔던 사람이 서울에 올라와서 원조 안동찜닭을 파는 것 같은 이미지가 된 것이다.

안양은 지역이 크지 않고 동선이 좁은 곳이었기 때문에 소문은 빨리 퍼졌다. 그동안 대구에서 서울로 올라와서 안경원을 시도했던 사람들은 많았지만 실패하고 돌아간 경우가 많았다. 나는 대구의 이미지와 명성을 최대한 드러내는 것을 전략으로 삼아 지역 브랜드라는 것을 약점이 아니라 오히려 강점으로 삼았다. 3년 만에 안양, 수원, 안산, 용인 등 수도권에서 8개의 쓰리팩토리 체인점을 모두 성공시킬 수 있었다. 울산, 목포 등을 포함하면 전국에 모두 15개 체인점이었다.

고민할 때면 나는 서점에 간다

고민거리가 있거나 힘들 때면 나는 서점에 가곤 한다. 물론 안 힘들 때도 서점에 가지만, 머릿속이 복잡하거나 힘든 일이 있으면 무조건 서점에 간다. 처음으로 100평짜리 대형화 매장을 시작했을 때도, 아이데코를 처음 시작할 때도, 피팅 체험형 매장을 떠올렸을 때도 나는 책을 읽고 있었다. 새로운 콘셉트의 매장을 열 때마다 성공을 거듭하는 모습을 보고 사람들은 가끔 내가 어떤 책을 읽는지 궁금해하거나 독서법을 묻는 경우도 있다.

그런데 그들의 기대와 달리 나에게 특별하거나 대단한 비법이 있는 것은 아니다. 그저 서점에 가면 제목을 우선 쭉 훑어본다. 그리고 나서 눈에 들어오는 책 제목이 그때의 내 상황에 꼭 맞는 것이라면 그 책을 무조건 산다. 서점에 갈 때마다 책을 사는데, 마음에 드는 것이 많은 날에는 다섯 권도 사고 그렇지 않은 날이라도 한두 권은 꼭 사온다.

책을 사가지고 오면 집안 침실, 욕실, 거실, 사무실 책상, 자동차 안 등 내 시선이 가는 모든 곳에 책을 놔둔다. 내가 집에 있을 수도 있고 사무실에 있을 수도 있고 차 안에 있을 수도 있는데, 보이는 곳곳에 책이 있기 때문에 잡히는 대로 수시로 읽을 수 있다. 책을 사서 바로 읽지 않더라도 군데군데 눈에 띄는 곳에 항상 책이 있다면 언젠가는 읽는다.

사실 세상에 책은 많다. 그래서 고르기가 어렵게 느껴질지도 모른다. 그러나 어떤 책이 좋은 책이라고 한정지을 필요는 없을 것 같다. 그때 유행하는 베스트셀러도 있겠지만 내 마음에 꽂히는 글은 다른 책에 있을 수도 있다. 사람들은 책을 많이 읽고 정독하는 데에만 가치를 두는 것 같은데, 그렇게 하지 않아도 된다고 생각한다. 장단점이 있겠지만 나는 책을 순서대로 읽을 때도 있지만 대충 읽을 때도 많다. 책장을 빨리 넘기다가 관심있는 곳만 집중해서 읽기도 한다. 머리가 그다지 뛰어날 것 없는 나 같은 사람의 입장에서는 책을 자주 접하는 게 더 중요한 것 같다.

책을 많이 읽어야 한다는 강박에서 벗어나 책을 자주 접하다 보면 마음에 꽂히는 글귀 한 줄 정도는 접하게 마련이다. 그런 걸 발견한다면 바로 밑줄을 그어놓는다. 책에 자주 노출되는 습관이 있다면 나중에 시간이 지나 세월이 흘러도 그 책을 다시 볼 때가 있다. 그렇다면 그때는 1권을 다 보는 시간을 투자하지 않아도 밑줄 그은 중요 핵심만 흡수할 수 있다.

제목만 봐도 책은 용기를 준다

사람들은 티셔츠 한 장 값도 안 되는 책 1권 값을 비싸다고 하는 경향이 있다. 그건 아마도 사놓고 안 읽을 수도 있다고 생각하기 때문일 것이다. 그것은 또 책 1권에서 얻으려는 기대감이 크다는 이야기일지도 모른다. 인터넷에서 사면 1만 5천 원도 안 되는 금액을 투자해 놓고 150만 원의 가치, 또는 1억 5천만 원의 가치를 얻어가고 싶은 건 아닐까 싶다.

1만 원짜리 책을 살 때 1억 원짜리 오피스텔을 고르듯이 살 필요는 없다. 1만 원을 투자했으면 1만 원만큼 나를 채워주면 충분한 것이다. 자기계발서나 마음을 수양하는 책을 골랐다면 1권을 집어들고 한 단락만 읽어도 그걸로 사람이 바뀔 수 있다.

그래서 책은 밥 먹듯이 수시로 보는 것이 좋다. 정독하지 않아도 1권씩 사두었던 책은 나중에 시간이 지나서 제목만 봐도 재밌다. 안 읽을까 봐 안 산다거나 비싸서 안 산다고 말하는 건 핑계다. 책을 꼼꼼히 안 읽어도 목차는 읽고 살 것이다. 책이 비싸다고 생각하는 사람일수록 목차와 표지 문구는 꼼꼼히 읽는 것 같다. 그것만으로도 1만 5천 원 값은 충분히 한 것이라고 봐야 한다.

어떨 때는 책 제목만 봐도 용기를 얻을 때가 있다. 핵심 가치를 제목으로 잡았기 때문에 시간이 있으면 본문을 읽고, 아니면 제목만 되새겨도 된다. 스님들이나 목사님들이 화두를 던지듯이 책 제목을 활용하면 된다. 나이가 들면 눈이 불편해져서 책 1권 완독하기가 힘이 든다. 만화책을 읽는 것도 사실 힘들다. 그래도 책을 자주 대하는 습관이 돼 있으면 좀 낫다. 공부를 많이 하겠다, 책을 많이 읽겠다는 생각은 접어두고 우선은 그저 서점에 자주 놀러가면 된다. 돈이 없다면 도서관을 가까이 하면 된다. 나도 눈이 아파서 단편소설은 읽어도 대하소설은 잘 못 읽는다. 10권, 20권짜리 대하소설을 거뜬히 읽는 사람을 보면 존경스럽다. 육상에도 단거리와 장거리가 있지 않은가. 나는 아마도 독서에서는 단거리 선수인 것 같다.

또 책을 읽다 보면 공통된 주제들이 엄청나게 많다는 걸 발견한다. 세상의 원리는 동서고금을 통틀어도 비슷한 법이라 사람들이 깨닫고 경험한 것을 써놓은 이야기도 대체로 비슷하다. 그래서 자기계발서는 읽고 나면 다 비슷해 보이는 것이다. 다만 저자가 다르기 때문에 체험한 스토리, 세상을 보는 관점, 공감 포인트가 조금씩 달라지는 것뿐이다. 그래도 사람은 자꾸 잊어버리는 존재이기 때문에 다시 되새김질을 해줄 책이 필요하다. 책을 읽으면서 다시 상기하고 각인하면서 습관으로 만들 수 있어야 한다. 그래야 행동으로 옮길 확률이 높아진다. 같은 이야기라도 다른 관점에서 보면 깨달음이 생기기 때문에 책을 또 사고, 책을 또 읽는 것이다. 그러니 사실 '이 중에서 제일 좋은 책'이란 것은 없지 않을까.

5th Change

체험형 매장

"대한민국 대표 안경원을 꿈꾼다"

입소문이 얼마나 무서운지 시험해볼 테다

쓰리팩토리는 2012년 12월 구미에서 처음 문을 연 이래 2017년까지 서울과 수도권을 비롯해 울산, 대구, 충주, 제주 등 18개 가맹점이 오픈했다. 그러는 동안 전국 단위로 '공장가' 콘셉트의 안경원들이 점차 늘어나기 시작했다. 안경공장싸군, 안경공장 공장장, 안경창고 등 안경원마다 '공장'이라는 단어가 들어갔다. 공장형 할인이 대중화되고 있다는 뜻이었고, 나는 또 다른 차별화 콘셉트를 찾기 위해 한 번 더 고민해야 했다.

하루는 무작정 서점으로 가서 책 제목들을 훑어보았다. 그리고 마음이 가는 제목들을 골라 책을 샀다. 그중 1권이 유니클로의 성공에 관한 책이었다. 당시는 불황을 이긴 회사로 유니클로가 케이스 스터디로 많이 다뤄지던 때였다. 나도 그 브랜드의 성공 비결이 궁금하던 차였다. 언젠가 다양한 연령대의 사람들이 바글바글 모여 있는 유니클로 매장을 무심코 관찰하다가 이런 생각을 했던 날도 있었다. '이들은 왜 잘될까? 어떻게 했길래 같은 옷인데 사람들이 이렇게 많이 몰리지? 원인이 뭘까? 안경원은 이렇게 할 수 없을까? 옷은 남녀노소 다양한 소비자층이 있다지만, 안경도 남녀노소 모두 착용한다. 안경원도 저렇게 사람이 모이게 할 수 없을까?'

서점에서 구입한 책을 집에 와서 읽고 있는데 눈에 들어온 게 있었다. 나도 모르게 '아!' 하는 소리를 냈다. 유니클로는 당시의 시대적 배경과 흐름이 좋았던 것도 있지만 그들만의 정확한 방향성이 있었다. 그들의 성공 요인으로는 가격도 있지만 내가 발견한 그들의 전략은 '소재'의 선택이었다. 좋은 소재를 찾기 위해 해외의 여러 곳을 다녔다는 스토리가 있었다. 한마디로 가장 좋은 소재의 옷을 가장 저렴하게 제공한 것이다.

'그래, 안경도 비싼 소재가 있다.' 나는 단단하면서 탄성이 좋고 가벼운 티타늄을 떠올렸다. 우리 회사는 도매도 하고 있고 대구 공장에서 제조도 직접 하고 있으니까 비싼 소재라도 단가를 떨어뜨려 저렴하게 팔 수 있을 것이라 생각했다. 아이데코의 '티타늄 안경테 49,000원'이라는 콘셉트는 그렇게 탄생했다.

인터넷에 검색도 안 되는 안경원

2014년 7월에 처음 시작한 '아이데코' 브랜드를 티타늄 소재의 안경테를 싸게 공급하는 매장으로 키우기 위해 2015년 의왕시에 직영점을 열었다. 유니클로처럼 사람들이 북적이는 안경원을 목표로 하고 있었기 때문에, 혼잡한 상황을 미리 대비해서 모든 시스템을 전산화하고 상품은 바코드로 처리되며 번호표를 뽑고 기다리는 시스템을 만들었다.

그리고 또 한 가지 내가 테스트하고 싶었던 것이 있는데, 광고 없이 입소문만으로 얼마나 홍보가 될 수 있는지 알고 싶었다. 30년 가까이 안경원을 하면서 "입소문이 중요하다"고 말로는 많이 했지만, 과연 사람의 입소문은 파괴력이 어느 정도인지 테스트해본 적은 없었다. 요즘에는 전단지, TV 광고, 네이버 광고뿐 아니라 블로그, SNS 등 수많은 광고와 홍보 매체들이 있다. 나도 많이 이용하고 있지만 할 때마다 의구심이 든다. 과연 효과가 있을까? 미심쩍더라도 안 하면 안 될 것 같으니까 광고비를 쓰고는 있지만 궁금했다.

나는 이런 광고가 전혀 없이 순수한 고객들의 입소문만으로 성공해보고 싶은 욕심을 내보았다. 초기 매장들이 흔히 하는 행사, 전단지, 광고를 일절 하지 않았고, 심지어 114에 상호 등록도 안 하고 인터넷에 쳐도 안 나오도록 철저히 숨겼다. 오로지 1, 2, 3층에 붙인 간판으로 '아이데코', '티타늄 안경테 49,000원', '안경공장'

이 전부였다. 그 대신 한 손님 한 손님 정성을 다해 가격도 만족시키고 기술적으로도 만족시킬 수 있도록 최선을 다했다. 그리고 마지막에는 반드시 "소개 많이 부탁드립니다"를 무조건 말하도록 직원들을 철저히 교육시켰다.

성공한다면 이것들은 입소문 마케팅의 기본 철칙이 될 것이었다. 고객이 가격을 깎아 달라고 하면 깎아주면서 소개를 부탁했고, 난시 같은 문제가 있어서 특이사항이 있다면 도수 조절과 피팅을 잘 맞춰주면서 소개를 부탁했다. 일반적으로 사람들은 양심이란 것이 작동해서 '이익을 보면 나도 보답으로 갚아야 한다'는 행동 피드백이 나타난다. 특히 우리나라 사람들은 정(情) 문화가 있어서 더욱 그렇다. 우리 매장에서 가격이든 뭐든 이득을 본 사람들은 '나도 도움을 줘야지' 하는 마음이 작동했다.

"광고 안 하는 대신 싸게 드립니다"

기브 앤 테이크(Give & Take)는 장사의 기본 원칙이다. 먼저 주면 반드시 얻을 수 있고 받을 수 있다. '줘라, 줘라, 또 줘라!' 이게 내가 배웠고 실천하고 있는 장사의 원칙이다. 그렇게 했더니 3개월 정도 지나니까 정말로 입소문의 위력이 눈에 보이기 시작했다. 친구가 가보라고 해서, 아버지가 가라고 해서, 언니가 가라고 해서 왔다는 경우가 많았다. 어떤 고객은 "왜 인터넷에서 검색이 안 돼요?"라고 의아해했고, 어떤 고객은 "114에 물어봤는데 안 나온다고 해서 불편했어요"라고 했다. 때로는 "위치를 물어보고 싶은데 그 흔한 인터넷에도 안 나오잖아요. 광고 좀 하세요", "요즘이 어떤 시대인데 인터넷 검색은 돼야죠"라고 충고하는 사람들도 있었다.

광고 없이 그 상태로 1년 정도 지나자 매출은 배로 뛰었다. 주말이 되면 번호표부터 뽑고 빨리 해달라고 난리가 아니었다. 입소문의 위력을 경험하고 역시 마케팅 중에 가장 확실한 것은 사람들의 입이라는 것을 100% 확신할 수 있었다. 그렇게 입소문 테스트를 하고 나서야 홈페이지, 블로그, 페이스북을 개설하고 광고를 내기 시작했다. 당연히 그것도 조금의 효과는 있었지만, 비용이 들어간 것이기 때문에 실질적으로 이익을 크게 발생시켰다고 말할 수는 없었다. 가장 확실한 도움은 역시 돈 안 드는 입소문 마케팅이었다.

앞으로 변화하는 마케팅을 따라가기는 하겠지만 그보다 가장 중요한 입소문 마케팅에 더욱더 신경을 쓴다면 우리의 브랜드는 더 발전할 수 있을 것이라 생각한다. 그래서 오늘도 현장에서 입소문 마케팅을 실천하고 있다. 단골들이 "대표님 감사합니다"라고 하면 "모든 것이 덕분입니다"라고 화답할 수 있도록 말이다.

새로운 매장을 오픈할 때 꼭 확인할 것들

전국 프랜차이즈로 시작한 아이데코는 가맹이 종료된 곳을 제외하고 2021년 10월 현재 56개점을 유지하고 있다. 새로운 안경원이 오픈할 때마다 직영점이든 가맹점이든 지원을 아끼지 않기 때문에 주위 사람들이 이런 말을 자주 묻는다. "대표님은 어디서 자리 보는 법을 배우셨어요?" 하지만 나는 그런 걸 배운 적이 전혀 없고 잘 모른다. 다만 상권에 대한 나름대로의 기준은 있다. 그것은 내가 찍은 자리가 명당이라는 것이다. 입지도 중요하겠지만 더 중요한 것은 내가 오픈한 자리를 명당으로 만들 수 있어야 한다.

"장사는 뭐니뭐니해도 목이 좋아야 한다. 첫째도 목, 둘째도 목, 셋째도 목이다." 흔히 많이 하는 말이다. 틀린 말은 아니지만, 나는 그게 전부가 아니라고 생각한다. 그보다는 '내가 앉은 자리가 명당이다'라는 걸 현실화시키는 노력이 중요하다. 석가모니에게 제자들이 와서 "세상 사람들이 풍수를 보고 명당을 찾는데 어떤 자리가 명당입니까?" 했더니 "네가 앉은 자리, 그 자리가 명당이다"라고 답했다 한다. 안경원 매장에도 이것은 적용된다고 생각한다.

맛있는 사과에는 벌레가 꼬인다

맛있는 사과가 여기에 있다. 오늘 저녁에 이걸 잘라서 구석에 놔두고 내일 아침에 보면 날파리가 끼어 있다. 당장은 안 보이던 날파리가 어디선가 냄새를 맡고 날아든다. 말 못하는 벌레도 좋은 것이 있으면 감지하고 모여드는데, 인간도 마찬가지다. 사과가 부엌 한가운데 있었는지 저쪽 구석에 있었는지는 중요하지 않다. 안경원도 역시 자리가 중요한 게 아니고 사람이 모여들 만한 이슈를 만드는 것이 중요하다.

업종이 다르더라도 마찬가지다. 유명 맛집을 다녀보면 소문이 나서 사람들이 바글바글한 집은 오래된 허름한 건물에 있는 경우가 많다. '우와, 이런 식당을 사람들이 어떻게 찾았을까' 싶다. 허허벌판에 있거나 외진 데에 있는 맛집도 많은데, 처음부터 사람이 그렇게 많진 않았을 것이다. 한 손님 한 손님 정성을 다해서 대접하다 보니 맛있으니까 또 오고 다른 사람도 데려오고 하다 보니까 늘어났을 것이다. 그런데 사람들은 그런 건 생각하지 않고 좋은 자리만 찾는다. 그보다는 내가 어떻게 하면 맛있는 요리를 만들까 고민해야 한다.

안경도 역시 자꾸 연구해봐야 한다. 사람들이 좋아하는 뭔가를 찾는 것이다. 어떻게 하면 안경을 썼을 때 편안하고 마음에 들어할까 고민하는 것이다. 그곳에만 가면 불편함 없이 가격도 적당하게 안경을 맞출 수 있다는 인식을 심어주는 것이다. 그렇게 업그레이드시키다 보면 자리는 별로 안 중요해진다. 어디에서 시작해도 상관없다. 왜냐하면 나는 맛있는 사과를 만드는 방법을 알기 때문이다. 고객들이 인지하기까지 시간이 걸릴 뿐 결국엔 단골을 늘릴 수 있다.

자신의 실력에 확신이 있으면 고객들에게 알려지기까지 버티는 것이 가능하다. 하고 있는 일에 대한 믿음을 가지고 임계점에 이를 때까지 버틸 수 있는 힘만 있으면 된다. 운칠기삼(運七技三)이라는 말이 있는데, 하늘이 정해주는 운대가 있는 것은 맞다. 아무리 기술이 있어도 운이 안 맞으면 안 된다. 그러나 운이 와도 기술을 갖추고 있지 않으면 기회는 지나가버린다. 나만의 기술을 갖추고 믿고 기다리면 운은 온다. 다만 빨리 오느냐 늦게 오느냐 개인 차이가 있을 뿐이다. 많은 사람들이 확신을 갖지 못하고 자꾸 노선을 바꾸기 때문에 운을 만나지 못하는 것이다. 남의 떡이 커 보이면서 인내하지 못하는 것이다.

물론 트렌드가 바뀌는 경우도 있다. 시대가 바뀌면 사람들도 달라지기 때문에, 소비자의 수준이 높아지는 시대에 내가 먼저 무엇을 선점할 것인가 고민하는 건 중요한 일이다. 변화에 대해서는 항상 다음을 생각하다 보면 내가 먼저 가 있을 수 있다. 그러나 새로운 매장을 오픈할 때는 모든 정성과 열정을 쏟아야 한다는 건 변하지 않는 사실이다. 고객을 어떻게 만족시킬지 고민하고 혼을 실어 매장을 운영하면 고객들은 올 것이다. 그건 돈 주고도 살 수 없는 노하우다.

입소문의 힘을 제대로 활용하는 법

2021년 청주에 새로운 안경원 매장이 문을 열었다. 의왕시 아이데코 직영점에서 근무했던 직원이 전직을 고민하고 있길래 가맹점을 열 것을 권했고 오픈하게 된 것이다. 여기서 나와 함께 했던 대로 하면 성공할 수 있다고 설득했고, 그는 새로운 매장을 열기로 결심했다. 안경원을 시작할 장소를 물색하라고 했더니 석 달 동안 쉽사리 정하지 못해서, 내가 도와주게 됐다.

어느 날 대구에 갔다가 오는 길에 잠시 청주에 들렀던 적이 있다. 그곳에서 이 친구가 맡으면 딱이라는 예감이 드는 곳이 있었고 결국 계약도 하게 됐다. 120평 남짓 되는 청주 매장에 인테리어를 하고 있을 때 물어봤다. "어떤 전략으로 할래?" 했더니 나한테 배운 대로 '티타늄 안경테 49,000원'으로 하겠단다. 그건 7년 전 뽑은 콘셉트이기 때문에 업계에서는 다 알고 있는 콘셉트였다. 주위 안경원들은 새로운 안경원의 출현을 소문으로 들어 알고 있을 것이고, 그러면 그들도 전략을 수정해놓았을 것이 뻔했다. 미리미리 '티타늄 안경테 38,000원'이라고 간판을 달아서 대비하고 있는 곳도 있을 것이다. 오픈하자마자 이미 주위에서 이런 식으로 하고 있다면 보나마나 실패였다.

그에게 "딱 1년만 고생하자"고 다짐했다. 이미 수가 다 읽힌 상태이니 소비자가 깜짝 놀랄 수준으로 전략을 준비해야 했다. 본사에서 제공해줄 수 있는 안경테가 3천 점가량 되고 그걸 다 진열하면 120평을 채울 수 있다. 여기에 '전 제품 2만 원'을 마케팅 전략으로 제안했다. 간판은 '원가안경'으로 달기로 했다.

이건 누구도 예상 못한 쇼킹한 전략이었다. 이렇게 하면 원가 이하로 주게 되는 제품도 있을 것이다. 그래도 전 제품 토 달지 말고 무조건 2만 원에 주는 전략이다. 소비자가격 20만 원짜리도 2만 원, 10만 원짜리도 2만 원, 5만 원짜리도 2만 원이 되는 것이다. 안경 맞추려고 돌아다녀 보면 소비자들도 대충은 안다. 특히나 중소도시에 있는 안경원들은 비싸게 받는 경향이 있기 때문에 손님들도 깜짝 놀랄 것이다. 그래서 이건 입소문을 탈 수 있는 전략이 된다.

물론 처음엔 힘들고 속이 쓰릴 것이다. 그래도 꾹 참아야 한다. 주변 안경원에서는 못마땅해하겠지만 우리가 제조한 우리 브랜드로 싸게 주는 것이기 때문에 다른 곳에서는 뭐라 할 말이 없다. 우리는 오로지 소비자에게 어필할 뿐이다.

게다가 간판에는 광고성 문구를 붙이지 않았다. 오픈행사도 하지 않고 광고도 하지 않기로 했다. 120평 매장에 직원도 3명밖에 안 되니까 어차피 행사는 무리였다. 대신에 손님이 오면 딱 두 마디만 하기로 했다. "전 제품 안경테 다 2만 원입니다." 손님들은 왜 이렇게 싸냐고 물어볼 수도 있다. 그러면 이렇게 대답했다. "전단지, 오픈 행사 이런 거 하나도 안 했습니다. 그 비용을 들이는 대신에 싼 가격으로 돌려드리기로 했습니다." 그러면서 가격 할인은 한 달 동안만 한다고 공지했다.

가격 할인은 한 달로 기한을 두었지만 상황에 맞게 기한을 연장할 수도 있다. "행사는 끝났지만 그대로 해드릴게요." "본사 지침상 두 달 연장하기로 했습니다." 이런 식으로 하면 1년도 연장할 수 있다. 리스크가 크지 않다면 계속 갈 수도 있지만, 어떤 데이터가 쌓이는지 확인하고 너무 리스크가 크다 싶으면 언제든 바꿀 여지는 열어둘 수 있다.

결과는 긍정적이다. 오픈한 첫날은 매출이 2건이었는데, 3일 만에 16건, 주말에는 40건까지 늘어났다. 이것이 입소문의 힘이다. "이걸 어떻게 2만 원에 줘요?" 하던 사람이 "진짜 고맙다"며 인사하고 나간다면, 그는 누군가에게 꼭 입소문을 퍼뜨릴 것이다. 실제로 한 사람이 와서 안경 5개를 맞춰간 경우도 있었다. 손님이 미어터져 감당을 못할 정도로 대박이 나는 것도 순식간이다.

아무리 아이데코가 '티타늄 안경테 49,000원'으로 성공했다 하더라도 시대가 변하고 상황이 변했는데 계속 똑같이 할 수는 없다. 세상에 관심을 기울이고 끊임없이 변화하는 것, 그것이 최고의 생존 전략이자 최고의 성공비법이다.

피팅이라는 경험을 팔겠다

어느 업계이든 할인경쟁이 너무 심화되면 어느 순간부터는 중요한 부분을 잊어버리는 것 같다. 소비자 입장에서도 싸니까 구매를 했다가 오히려 낭패를 보는 경우가 많다. 인터넷 쇼핑을 할 때도 그렇다. "어, 2만 원 주고 샀던 물건인데 5천 원밖에 안 한다고? 싸니까 한번 사볼까?" 하고 구매했는데 막상 써보니 "5천 원 아니라 1천 원 주고 샀어도 그 돈이 아까웠겠다"고 결론 내리는 경우가 있다.

공장형 할인 이후로 안경 업계에도 비슷한 현상이 생기기 시작했다. 좋은 제품을 저렴하게 주는 것이 아니라 싼 제품을 싸게 주는 곳도 등장한 것이다. 소비자 입장에서는 구매한 안경을 직접 끼고 다녀보기 전까지는 잘 모른다. 도수는 맞는데 초점이 맞지 않는

렌즈를 싸게 파는 곳에서 안경을 맞췄다가 어지러워서 결국엔 다른 안경원으로 가서 다시 맞췄다는 고객들도 있다. 이렇게 되면 처음에 맞췄던 안경은 싼 게 아니라 쓸데없이 돈만 날린 셈이 된다.

새로운 고객 서비스와 마케팅 콘셉트를 고민하던 어느 날 대구로 가는 KTX를 탔다. 예전에 사두었던 책 1권을 가지고 기차에 올랐다. 《상도록(商道錄)》이란 책이었는데, "오래 가려면 경험을 팔아라"라는 글이 눈에 들어왔다. 읽으면서 '바로 이거다' 싶었던 부분이 있었다. 정리하면 이랬다.

"이제 소비자들은 웬만한 서비스로는 고객 만족이라는 것을 느끼지 않는다. 많은 산업 현장에서 고객 서비스가 만연하지만, 기업들의 평준화된 서비스는 고객 만족으로 쉽사리 이어지지 못한다. 너무 많은 서비스는 무감각의 시대를 만들었다. 이제 고객 만족을 넘어 고객 감동으로 가야 한다. 서비스는 기본이며 감동을 주기 위해 꼭 필요한 것이 있는데, 그것은 '경험'이다. 고객이 지금껏 한 번도 겪어보지 못한 경험을 했을 때 고객 감동이 실현된다. 이제는 경험경제 시대다."

이것은 평상시 내가 생각하고 있던 문제였다. 현장에서 보면 고객들이 원하는 가격은 어떨 때는 지나치다 싶을 정도였다. 낮은 가격으로 고객을 만족시키는 것에는 한계가 있었고, 나만 할 수 있는 서비스를 찾아내고 싶었다.

안경 맞추러 가요 vs 선글라스 사러 가요

'티타늄 안경테 49,000원', '안경공장'을 처음 슬로건으로 내걸었을 때 업계 사람들은 반신반의했다. 그런데 지금은 다들 그 콘셉트를 따라하고 있어서 이제는 차별화가 없어진 상황이다. 나는 다른 방향을 찾아야 할 시점이었다.

안경 업계가 그동안 시장을 확대할 수 있었던 것은 좋은 제품을 싸게 주고 커피를 제공하는 등의 서비스를 추가했기 때문이다. 지금처럼 커피전문점이 보편화되지 않았을 때 어느 안경 브랜드가 아이스커피를 제공하는 서비스를 해서 선풍적인 인기를 끌었던 적이 있다. 안경을 맞추는 동안 주스, 커피 등을 공짜로 제공받는 것은 당시로서는 너무나 고마운 서비스였다. 사실은 그 비용이 안경에 다 포함돼 있다고 해도 소비자는 인식하지 못한다. 그런데 지금은 그런 서비스들이 너무 대중화되었고, 소비자의 고마움은 사라졌다.

내가 결심한 변화의 방향은 순수한 기술력으로 승부하겠다는 것이다. 안경사 본연의 자세로 돌아가자는 것이다. 이제까지 안경원에서의 서비스가 물질적인 상품에 대한 것이었다면 앞으로는 다른 방향을 찾겠다는 것이다.

그동안 안경 업계의 마케팅을 돌아보면 어떻게 하면 저렴하게 좋은 소재를 구해서 판매할 수 있을지에 전념했다. 그러나 이런 방식은 이제 임계점이 차 있는 상황이다. 이젠 더 이상 그런 시대가 아니다. 안경 본연의 것, 기본으로 돌아갈 때다.

안경은 패션일 수 있지만, 원래 안경은 눈이다. 나빠진 눈 대신에 착용하는 의료기구가 안경이다. 이것이 기본적으로 충족됐을 때 패션을 더하는 것이지, 패션이 우선일 수는 없다. 선글라스처럼 도수를 맞추는 광학이 적용되지 않는 경우에는 패션 상품으로 간주할 수도 있다. 그렇지만 안경은 일반적인 상품으로 보면 안 된다. 그래서 앞으로 안경 업계는 피팅에 집중해야 한다고 나는 생각했다.

소비자들 중에는 이런 이야기를 하는 사람이 많다. 학생인데 줄줄 흘러내리는 안경을 쓰고 공부한다는 것이다. 왜 피팅을 안 했는지 물어보면, "그냥 안 했어요"라고 답한다. 안경이 내려오면 올리면 되니까 그냥 쓰는 것이다. 처음 안경을 맞출 때 피팅을 잘 했어도 쓰다 보면 눌리는 경우도 있다. 안경을 맞출 때는 피팅을 요구할 수 있는데, 나중에 피팅만 요청하는 것은 부담이 되니까 또 그냥 쓴다. 구독경제처럼 일정액을 받고 피팅을 주기적으로 받으러 오게 할 수도 있겠지만, 일단은 귀찮아서 잘 안 오는 사람이 많다.

직원 교육을 하면서 나는 강조해서 이야기한다. "안경 맞춘다는 개념을 다시 생각해봐라." 도수 맞추는 것이 안경 맞추는 것이라고 생각하는 것이 젊은 안경사들의 보편적인 생각이다. 그런데 안경을 맞춘다는 것은 도수도 맞추지만 '얼굴에 맞춘다'는 개념이 들어가 있다. "선글라스 맞추러 가요" 하는 사람은 없다. "선글라스 사러 간다"고 말한다. 하지만 안경은 "안경 사러 가요"라고 하지 않는다. "안경 맞추러 간다"고 말한다. 그 차이점을 정확하게 알아야 한다.

안경사들도 안경을 맞출 생각을 안 하고 안경을 팔 생각만 하고 있는 것은 아닌가 생각해봐야 한다. 사실 선글라스도 '맞추는 것'이 옳다. 도수 없이 선글라스를 쓰는 사람은 얼굴에 맞춰야 할 것이고, 도수를 넣는 사람은 도수도 맞추고 얼굴에도 맞춰야 한다. 안경원에서 선글라스를 맞춰주는 경험을 소비자들이 한 적이 없다 보니 소비자도 역시 그런 생각을 하지 못한다.

우리 매장에서는 선글라스도 다 얼굴에 맞춰주기 때문에 고객들이 굉장히 고마워한다. 그런 서비스를 한 번도 안 받아봤는지 인사를 90도로 하고 가는 손님도 있다. 소비자들도 사실은 안경사의 손놀림을 보면 안다. 정성을 다해서 피팅을 해주는 것인지, 대충 시늉만 하는 것인지 알 수 있다. 그래서 기술의 다른 말은 정성이다. 정성이 담겨 있어야 인정받는 기술이 피팅이다.

피팅은 오롯이 안경사의 전문 영역이다

한때 시력검사를 통해 안경 교정 도수를 결정하는 방법을 둘러싸고 안경사와 안과의사가 반목했던 일이 있다. 나의 지론은 괜히 싸울 필요 없다는 것이다. 검안은 안경사와 안과의사가 공존하는 영역이지만, 피팅은 순수한 안경사의 영역이다. 안과의사의 전문성을 존중해주고 안경사는 안경사의 영역을 발전시키면 된다. 검안보다는 피팅을 더 개발시키고 차별화하면 안경사의 전문성이 올라갈 것이다.

안경에 대해서 의사는 검안하고 도수를 정하는 것으로서 책임을 다한 상태가 되지만, 안경은 그게 끝이 아니다. 똑같은 도수, 똑같은 안경테도 얼굴형이 다르면 피팅으로 맞춰줘야 한다. 두 눈의 간격, 얼굴의 굴곡, 두상의 차이 등이 모두 변수가 된다. 코에서의 각도, 귀에서의 각도도 다 달라서 그걸 마무리해줘야 정확한 도수가 완성된다. 렌즈 도수가 같아도 피팅 상태에 따라 실제 안경 쓴 사람이 보는 도수는 달라질 수 있다. 의사는 눈만 보지만 안경사는 골격, 두상, 눈의 간격 등을 모두 알고 감안해야 한다. 같은 검안 결과를 가지고도 안경 조제의 결과물은 다르게 나올 수 있다.

고객이 집 앞에 있는 안경원에 갔는데 피팅을 안 봐줬다는 경우를 많이 볼 수 있다. 젊은 안경사들은 "우리 집에서 맞춘 게 아니라서 위험해서 안 된다"며 냉정하게 말한다고 하소연하는 고객도 있다. 물론 때로는 위험한 상태인 경우도 있다. 테의 견고한 상태가 어느 정도인지는 전문가라도 눈으로만 봐서는 알 수가 없기 때문이다.

진상 고객도 있을 수 있다. 피팅해 달라고 해서 만졌는데 드문

일이긴 하지만 부러지는 경우도 있다. 이럴 때 변상해 달라고 하는 고객도 있다. 그럴 가능성을 차단하려면 "드물긴 하지만 피팅하려고 만지다가 부러질 수도 있는데 그래도 해드릴까요? 허락하시면 성심성의껏 피팅해드리겠습니다"라고 사전에 양해를 구하면 된다. "부러뜨리면 안 되지" 하고 화를 내는 경우도 있지만 그런 손님은 극히 일부다. 안 된다고 하면 만지지 않으면 된다.

안경은 그저 물건이 아니라 의료기구다. 배가 아파서 환자가 응급 상황으로 병원에 왔는데, 내가 진료하던 환자가 아니니까 볼 수 없다고 돌려보낸다면 어떻게 될까? 우리 매장에서 산 것이든 아니든 안경사들은 피팅을 해줘야 한다고 생각한다. 그러면 고마워서라도 미안해서라도 다음에 꼭 그 매장에 안경을 맞추러 올 것이다. 물론 안 그런 사람도 있겠지만 대부분은 다시 들른다. 그게 바로 사람의 마음이다.

나의 경우에는 피팅에 정성들이지 않았던 적이 없다. 많이 비틀어진 안경을 피팅할 때는 손이 아프기 때문에 속으로는 한숨이 나올 때도 있지만 그래도 내색하지 않고 봐드린다. 대부분은 그런 서비스에 고마워한다. 피팅을 받을 데가 없어서 난감한 고객들은 "차라리 피팅 비용을 받고 좀 해주지, 왜 그렇게 안 해주냐"고 이야기한다. 피팅을 유료화시켜서 일정 금액을 받는 곳도 있긴 한데 보편적인 것은 아니다.

반면에 너무 당연한 듯이 해주다 보면 고마움을 모르는 고객도 간혹 있긴 하다. 길 가다가 들어와서 "나사 좀 조여주세요" 하고 고맙다는 소리도 없이 "안경닦이 하나 주세요" 하는 사람도 있다. 심지어 "1개 더 주세요" 하는 사람도 있다. 나사 하나도 안경닦이 한 장도 안경원 입장에서는 비용이 들어가기 때문에 만약 돈을 받는다고 하면 "이거 다 공짜인데 이 집 참 인심 야박하네" 하고 말하는 것이 현실이다. 그렇다고 이걸 하나하나 다 따지다 보면 장사를 못한다. 안타까운 것이 많아도 어쩔 수 없다.

미용실을 벤치마킹한 안경원

‘티타늄 안경테 49,000원’ 콘셉트의 아이데코는 2012~2021년 1월까지 66개점이 오픈했다. 제대로 히트를 치다 보니까 전국에 티타늄 열풍이 불었다. 마케팅 콘셉트는 저작권이 있는 것도 아니고 독점권이 있는 것도 아니다. 누구든 따라할 수 있다. 3만 9천 원이니, 3만 8천 원이니 가격도 여기저기에 붙이게 됐고, 공장 직영도 마찬가지였다. 도매상들도 티타늄 안경테를 만든다고 난리였다. 쏠림 현상이 온 것이다. 매장 콘셉트가 비슷해지면 나부터 재미가 없다. 그래서 판을 바꾸는 시도를 반복하는 것이다.

2020년 8월경 《상도록(商道錄)》이란 책을 읽다가 “경험을 팔아라”라는 멋진 말을 읽었다. 나는 피팅 체험을 팔겠다고 결심했고 그것을 구현하기 위해 구체적인 방법을 찾고 있었다. 남들이 못 따라하는 걸로 해보고 싶었다. 책의 저자는 미용사에 비유해 경험을 설명하고 있었다. 평상시 나도 안경사와 미용사가 비슷하다고 생각해 왔던 터라 공감할 수 있었다.

우리가 미용실에 가면 미용사를 '헤어 디자이너 선생님'이라고 부른다. 전문성으로 치자면 안경사도 국가 면허증이 있는 사람인데 미용사는 '선생님'이고 안경사는 '장사꾼'으로 인식되는 것이 현실이다. 나는 이 점이 안타까웠다. 인기 많은 미용사는 예약을 해야 하고, 헤어 스타일을 어떻게 할 것인지 함께 의논하고 조언해준다. 머리를 감길 때는 수건으로 눈을 덮어 부담스럽지 않게 그리고 시원하고 편안하게 해준다. 기다리는 동안에는 지루하지 않게 마실 것을 주고 읽을 것도 제공해준다. 미용사가 '선생님'인 것은 소비자들이 새로운 경험을 하도록 계속해서 노력한 결과일 것이다.

미용사들이 다양한 경험을 통해 서비스의 질을 높이듯이, 나는 안경사도 분명히 경험을 통한 고객 감동을 줄 수 있다고 생각했다. 바로 피팅을 통해서 말이다. 지금까지 우리나라에서는 안경사들이 검안에 많은 교육과 연습을 집중했지만, 안경사만이 할 수 있는 유일한 영역은 역시 피팅이다.

피팅과 체험을 접목시키기 위해서는 공간도 바꾸고 다시 시스템을 재정비해야 했다. 매장 1층부터 싹 다 바꾸기로 했다. 근처에 새로 생긴 미용실에 가서 사진을 찍었고 인테리어 전문가에게 내가 생각하는 방식을 설명했다. 미용실에서의 체험을 모방하면 충분히 효과가 있을 것 같았다. 기타 디테일한 부분은 외국 책이나 박람회에서 보고 아이디어를 떠올렸던 것을 적용해 제대로 한번 해보기로 했다.

그리고 직원들과 비전을 공유하기 위해 아침마다 1시간씩 교육을 하면서 준비했다. 직원들은 대학교에서도 잘 가르치지 않아 접하기 어려웠던 피팅 교육을 받으면서 재밌어했다. 안경사라면 알고 있을 법하지만 대부분 잘 모르는 것들이었다. 안경사들이 체계적으로 배울 기회가 없었기 때문이다. 미용실을 벤치마킹한 피팅 체험을 파는 안경원은 1년간 테스트 기간을 거쳤다. 과연 소비자의 판단은 어떨지 먼저 확인해봐야 했다. 피팅 매뉴얼을 만들었고 직원들에게 그대로 하도록 교육했다.

교회는 안 다니지만 교인과 한 가족

미용실처럼 거울 달린 의자에 앉아서 자신의 얼굴 골격과 윤곽이 세밀히 계측되는 경험을 한 고객들은 예상대로 좋은 반응을 보여주었다. 안경을 쓰면서 아직까지 한 번도 경험해보지 못했던 시스템이었기 때문에 고객 감동을 현실화시킬 수 있었다. "이런 서비스를 어떻게 생각하셨어요? 머리가 정말 좋으세요"라는 고객의 피드백이 있는 걸 보면, 안경사들이 관심 갖고 개발할 영역을 제대로 찾은 것이다. "사장님 정말 잘하셨어요" 칭찬하고 가는 고객도 있었다. 그런 말들 때문에 나는 마치 새로 태어난 기분으로 즐겁게 일하고 있다.

체험형 매장을 현실화하기 위해 우리는 고객들에게 이제까지 한번도 해보지 못했던 경험을 선사해야 했다. 내가 보기에 피팅은 육체적 경험과 정신적 경험이 모두 가능하다. 고객이 방문하면 무조건 의자에 앉히는데, 미용실과 똑같이 거울 있는 의자에 앉는 순간 고객은 무조건 육체적 경험을 하게 된다. 그리고 한 가지 더 정신적 경험을 하게 되는데, 핵심은 '신체의 비밀'에 있다.

사람은 누구나 얼굴의 왼쪽과 오른쪽이 다르다. 이 사실은 많이들 알고 있지만, 세밀하게 들어가면 자신의 얼굴 어디가 짝짝인지는 잘 모른다. 우리가 제공하는 정신적 체험은 여러 가지 얼굴에 관한 비밀들 중에서 딱 한 가지를 알려주는 것이다. 예를 들면 "손님 관자놀이의 길이가 오른쪽보다 왼쪽이 짧네요", "손님 귀의 높이가 왼쪽보다 오른쪽이 더 높습니다" 같은 것들이다. 매장에 구비돼 있는, 인체 사이즈를 측정하는 여러 가지 도구들로 과학적인 측정을 체험하고 나면 사람들은 신기해한다. 자신도 몰랐던 자신의 신체 비밀을 알게 되는 것은 한 번도 경험해보지 못한 일이기 때문에 그 가치는 올라갈 수밖에 없다.

우리 매장의 피팅 존(zone)은 고객이 앉을 수 있는 의자가 구비돼 있고 앞에 거울이 달려 있다. 내가 자주 가는 미용실에서 벤치마킹한 모습 그대로다. 거울 위에 글자나 문양을 넣을 수 있는 여분의 공간이 있는데 어떻게 할까 고민하다가 《성경》에 나오는 이름을 넣기로 했다.

대구에서 서울로 이사한 이후 교회에 다니는 고객들이 눈에 많이 띄었다. 대구에서는 팔공산 동화사가 있어서인지 몰라도 불자들을 많이 봤는데, 서울에서는 교인들이 많이 보였다. 나도 중학교 3학년 때까지 교회에 다녔고, 고등학교에 올라가면서 기숙사 생활을 하는 바람에 중단되었지만 세례까지 받았기 때문에 교리에 대한 거부감 같은 것은 없었다.

매장에서 고객들을 대할 때 보면 교회 다니는 분들은 전도에 대한 의지가 타 종교보다 강하다는 것을 느낀다. 전도는 어렵고 힘들지만 그분들은 항상 실천하는 것 같다. "사장님도 교회에 다니면 장사도 더 잘 되고 모든 것이 잘 풀려요" 하면서 교회에 다니길 권한다. 교인들의 그런 의지와 노력을 존경한다. 그럴 때마다 나는 "집사람과 아이가 교회에 다닌다"고 대답한다. 돈을 벌기 위해서 종교를 믿는 것은 잘못된 것이라고 평상시 생각해 왔기 때문에, 나는 종교적인 도움으로 성공하거나 돈을 벌고 싶은 생각은 전혀 없다.

나는 교회는 안 다니지만 그래도 항상 교인들을 존경하고 가족 같은 느낌을 받는다. 그래서 이번에 체험형 매장인 피팅 전문 안경원을 준비하면서 그 마음을 은근슬쩍 건드려 보았다. 집사람에게 부탁해서 너무 잘 알려진 인물 말고 특별한 이름을 성경 인물 중에서 골라 달라고 했다. 너무 잘 알려진 이름은 불교를 믿는 사람들에게는 거부감을 줄 수 있기 때문이다.

지금 아이데코 직영점의 피팅 존에는 거울 위에 노아(Noah), 다니엘(Daniel), 리디아(Lydia) 3인의 이름이 적혀 있다. 피팅을 받는 동안 그 이름을 확인한 사람들 중에는 성경 속 인물이 적혀 있다며 반응을 보이는 사람도 있다. 교회에 다니는 사람들은 기다리면서 서로 수군수군댄다. "엄마, 이름 봐! 교회 다니시나 봐." 그들은 알아서 추측하기도 했다. 지금도 피팅하면서 그 이름을 보면 참 좋은 아이디어였다는 생각이 든다.

항상 작은 것이라도 고객 입장에서 생각하는 습관은 중요한 것 같다. 이런 작은 것 하나하나가 모이면 고객 만족이 완성될 것이다. 교회에 다니지 않아도 교인들의 마음을 움직일 수 있는 힘이 생긴 것 같은 기분이 든다.

피팅이야말로 고급화 서비스

요즘은 온라인의 중요성이 많이 대두되고 있는데, 그렇다고 오프라인 시장이 죽는 건 아니라고 생각한다. 특히 안경의 특수성으로 봤을 때 나는 오프라인을 계속 메인으로 집중할 생각이다. 온라인에 투자를 안 해본 것은 아니지만 시대가 온라인 쪽으로 간다고 해서 나도 무조건 막 따라가는 건 바람직하지 않다는 결론이다. 안경은 피팅이 중요하기 때문에 더더욱 아날로그적이다. 매장에 오는 사람들을 어떻게 만족시킬 것인지가 훨씬 중요하다. 온라인 시장에서 할 수 없는 다른 서비스를 할 수 있어야 한다.

안경 산업도 수십 년간 변화해 왔다. 지금의 흐름을 봤을 때 검안 쪽은 이제 아무리 잘 해줘도 소비자들은 고마워하지 않을 것이다. 그쪽을 부각시켜 봐야 차별화는 없다. 20여 년 전 다른 곳에서 독일식 검안기를 쓰지 않을 때는 "검사 잘하네요", "시설이 좋네요" 라는 평을 들었지만, 이제는 여기저기 별 차이가 없다는 걸 소비자들은 알고 있다. 당연히 고맙다는 생각은 들지 않을 것이다. 이제는 순수하게 안경사의 직무를 잘할 수 있는 방향으로 바꿔야 한다. 장인정신을 가진 기술직이 돼야 한다.

미용실처럼 앉아서 피팅을 받는 체험을 해본 고객들은 정말 좋다며 극찬을 하고 가는 경우가 대부분이다. 고객들의 반응은 대만족이다. 그래서 비싸다는 말이 나오지 않는다. 이제껏 경험해본 적 없었던 기술적 체험이기 때문이다. 젊은 안경사들은 아직까지 기술적 노하우가 쌓이지 못했고 최종적인 기술 작업은 내가 직접 하고 있다. 후배들이 안고 있는 기술적 공백은 이제 한국안경아카데미를 통해서 해결해볼 생각이다.

직원들이 바뀌지 않으면 내가 바뀌겠다

피터 드러커는 "경영이란 사람을 통해서 성과를 내게 하는 것"이라고 했다. 직원들이 마음에 들든 마음에 들지 않든 어쨌거나 마케팅 콘셉트는 직원들을 통해서 구현해내는 것이다. 경영자에게는 추진력과 실행능력이 있어야 하고, 콘셉트를 구현하는 능력이 있어야 한다. 잘날 것 없는 나에게 유일하게 있는 능력이라면 이걸 해야 된다 싶을 때 일단 해보는 것이다. 무조건 해보면서 만들어가는 것이다. 해보지 않으면 필요한 걸 알 수가 없기 때문이고 부족한 건 뜯어고치고 수정해가면서 완성하면 된다.

2020년 9월 아이데코 직영점은 피팅 체험형 안경원으로 탈바꿈했다. 나 혼자만 그렇게 하겠다고 결심하면 그대로 실현할 수 있는 건 아니기 때문에 직원들도 피팅이라는 가치를 알아야 했다. 직원이라는 사람들은 기본적으로 변화라는 걸 싫어해서 새로운 일을 해야 할 때는 명분이 있어야 했다. 우선은 인테리어부터 미용실 콘셉트의 공간 구성으로 바꾸는 공사를 진행했는데, 처음엔 뭔가 변화가 있을 것이라는 사실만 공지했다. 직원들이 감당할 수 있을 정도로만 변화를 주기 위해 한두 달은 피팅 관련 측정도구에 익숙해지는 것만 목표로 삼았다. 그러면서 이제는 더 이상 박리다매식 경영으로는 살아남을 수 없다는 시대 흐름을 인지시켰다.

경영자는 사람을 매료시키는 능력이 있어야 한다고 했다. 안경사들은 장사만 배우고 사업을 아는 경영자가 되는 경우가 많지 않다. 경영자가 되려면 길게 멀리 봐야 한다. 장사꾼은 현재에 살지만 경영자는 미래에 살면서 항상 준비한다. 장사꾼과 경영자는 사실 비슷해 보이고 비슷하기도 하다. 장사꾼은 말을 잘하며 언변이 아주 좋아서 사람을 홀리는 기술이 뛰어나다. 그런데 장사꾼은 사람을 키우고 시스템을 만들어낼 생각을 하지 않는다. 단기적으로 치고 빠지면서 이윤을 내는 것이 중요하다. 이런 장사꾼은 사실 찾아보면 많이 있다.

반면에 장사를 하고 있지만 장사꾼처럼 보이지 않는 사람도 있다. 경영자 마인드를 가진 사람인데, 그들은 당장의 이익보다 사람을 중시한다. 경영자는 혼자서 모든 손님을 응대할 수 없는 것을 잘 인식하고 있기 때문에 자신을 대신해 고객을 만족시킬 사람을 키운다.

중소기업의 사장은 플레이어다

후배 안경사들이나 지인들을 만났을 때, 어떻게 대형 안경원도 하고 프랜차이즈 사업도 같이 할 수 있는지 궁금해하는 경우가 많다. 많은 직원들을 이끌면서 안경사 본연의 업무도 수행하는 것은 힘든 일이기 때문에 나오는 질문이다. 힘이 들어도 사장은 직원들을 컨트롤할 수 있어야 한다. 그 비결은 카리스마일 수도 있고 독특한 아우라일 수도 있지만, 결국은 직원들보다 능력이 뛰어나야 한다. 직원들은 돈을 많이 준다고 해서 수긍하지 않는다. 사장이 직원들보다 훨씬 뛰어난 능력이 있으면 저절로 고개를 끄덕이고 수긍한다.

"원래 사람이 제일 힘들다"는 이야기는 누구나 공감할 것이다. 나의 경우에는 혼자 모든 손님을 응대할 수 없다는 걸 직원들에게도 확실히 인지시키고 권한을 준다. 내가 할 역할은 비용이나 근무 환경에서 시스템적으로 지원해주는 것, 트렌드를 리드하려고 노력하는 것 그리고 고객이 다른 손님을 데리고 오는 상황까지 고려해 주변 환경을 세팅하는 것이다. 직원들은 3일만 일하면 사장을 파악하기 때문에 중소기업은 그만큼 사장의 능력이 중요하다. 안경원은 특히 전문직 안경사가 운영하는 곳이기 때문에 직원보다 더 뛰어난 검안 능력과 조제기술, 피팅 능력이 있어야 한다. 그래야 사장이 제시한 방향대로 직원들이 움직일 것이다. 말로만 일하는 사장이라면 그가 부재중일 때는 무너져내린다. 이론적인 이야기만으로는 지탱할 수 없다. 직원들은 돌아서서 "너나 잘하세요" 외칠 것이다. 후배들이 운영하는 매장으로 전화하면 "사장님 안 계신데요" 하고 직원이 전화를 받는 경우가 많다. 직원들은 9시 반에 출근하는데 사장은 11시, 12시를 넘긴다. 점심 먹고 출근하는 경우도 많이 봤다. '내 가게'에서 사장이 더 열심히 해야 하는데 사장이 없다면 뻔한 것이다. 직원이 갑자기 그만뒀을 때 사장이 언제든 그 자리를 메꿀 수 있어야 하는데 상황 파악을 못한다.

작은 가게의 사장들은 늦게 출근하고 일찍 퇴근하는 걸 당연하게 생각하는 경우가 많다. 그런데 진짜 경영자들은 그렇게 하지 않는다. 더 철두철미하게 직원들과 똑같이 일한다. 특별한 볼 일이 없는 한 직원보다 열심히 일하는 모습을 보여준다. 그것만으로도 직원이 인정한다. '내가 너 월급 주는데 내가 좀 편하게 지내야지' 하는 생각을 가진 사장에게 직원들은 함께 간다는 생각을 하기 힘들다. 동료의식이 느껴지지 않는다면 커뮤니케이션은 되지 않을 것이다. 대기업은 시스템과 자본에 의해 굴러가지만 중소기업은 사장의 힘으로 굴러갈 수밖에 없다. 만약 직원이 10명이라고 한다면 "너희들 열 명이 다 없어도 나는 할 수 있다"고 큰소리치는 것도 가능해야 한다. 중소기업 사장이 살아남을 수 있는 전략의 핵심 중 한 가지다. 자영업을 포함한 중소기업은 사장이 반드시 플레이어 역할을 할 수 있어야 한다.

직원이 나에게 맞춰주지 않는다면

그동안 매장을 오픈할 때마다 무조건적으로 지켰던 원칙이 있다. 오픈 후 1년은 매일 출퇴근하면서 내가 매장을 직접 지킨다는 것이다. 그렇게 하면 입소문이 돌면서 자리를 잡고 3년 동안은 무너지지 않는다. 후배들이 성공 비결을 물어볼 때마다 이렇게 말하곤 한다. "오픈해서 3개월 열심히 하면 1년은 간다. 1년을 열심히 하면 3년은 굴러간다. 3년을 열심히 하면 10년 간다. 10년을 진짜 열심히 하면 100년 갈 수 있다." 그런데 후배들을 보면 3년쯤 지나고 손을 놓는 걸 많이 봤다. 자리 잡히고 돈도 좀 벌면서 자신감이 생기지만, 점점 매장을 챙기지 않으면서 5년 전후로 내리막이 시작된다. 왜 이렇게 됐는지 모르겠다고 당황하다가 10년쯤 지나서야 정신을 차린다. 그러나 때는 이미 늦었다. 이때 다시 올라가기란 쉽지 않다.

'우리는 열심히 일하는데 우리가 번 돈으로 사장은 놀러다니네.' 직원들 마음속에 이런 생각이 스며들면 한국 사회에서 그 회사는 끝이다. 매출이 잘 나왔어도 그 돈을 사장이 바로바로 다 가져간다든지, 일주일에 하루 매장에 출근하면서 10분 만에 가는 듯한 느낌이 딱 들면 직원들은 일할 의욕이 꺾인다. '안 해, 나 안 해' 이런 마음이 드는 것이다. 노조가 없어도 상관없다. 사장이 나와 있는 동안에만 열심히 하는 척하다가 사장이 안 보이면 태업한다. 엉망이 되는 건 순식간이다. 장사가 어려운 건 사장이 열심히 일하는 게 지속되지 않기 때문이다. 사장이 매 순간 열심히 하면서 직원들에게 "이렇게 합시다" 하면 직원들도 잘 따라준다. 사장이 안 움직이면서 "이렇게 하세요" 하면 볼 때만 하는 척하고 돌아서서는 모른 척한다. 눈앞에서 사장이 직접 몸으로 보여줘야 한다. 특히 요즘 세대에는 더욱 그렇다.

젊은 직원들에게 이거 해라 저거 해라 말하는 건 이제 통하지 않는다. 계속 하다가는 내 감정이 상한다. 나는 요즘 젊은이들이 내가 말하는 대로 따라줄 거라는 기대를 일찌감치 버렸다. 피팅 기술에 대해서도 연습을 하든 안 하든 직원의 자유에 맡긴다. 성공하고 싶으면 열심히 연마해서 노하우를 익힐 것이고, 연습하기 싫으면 그냥 그대로 살라고 한다. 대신 회사가 요구하는 최소한의 매뉴얼을 수행하는 것만은 반드시 지키도록 약속해야 한다. 직원이 하지 못하거나 안 하는 부분에 대해서는 내가 마지막 피팅을 봐줌으로써 완성시키면 된다. 그렇게 되면 고객은 결국 마지막에 내 손을 거친 후 최종적으로 기술을 평가하기 때문에 괜찮다. 직원은 중간 과정을 잘 수행하면 된다. 이것은 1년간의 피팅 체험형 매장 테스트에서 고객이 100% 만족했던 이유이기도 하다.

미래의 안경원은 이런 모습으로

젊은 세대의 사고방식을 보면 시대의 흐름이 보인다. 나와 같은 기성세대의 사고로는 향후 사회가 어떻게 될지 쉽게 알 수 없다. 나와 다르다고 해서 젊은 세대의 사고와 생활방식을 외면할 수는 없다. 내가 오너라고 해서 나에게 맞출 것을 강요해봤자 진짜 변화는 이루어지지 않는다. 오히려 사회 변화에 맞춰 내가 달라지는 것이 훨씬 빠르고 자연스럽다. 인건비는 계속 오르고 복지는 좋아져야 하고 모든 비용들이 올라가는 것은 기정사실인데, 내가 따라가지 못한다면 도태될 수밖에 없다. 젊은 직원도 그렇지만 젊은 소비자들이 나에게 맞춰줄 리는 없지 않은가. 그러려면 미래의 안경원은 희소성과 전문성으로 무장해 고품질로 가치를 높일 수 있어야 한다고 생각한다.

어느 철학관의 이야기가 그것을 증명해준다. 그 철학관은 서울에서 사무실을 내고 대구에서도 사무실을 냈다. 서울에서 일이 없을 때는 "대구 지방 출장으로 오늘은 자리를 비웁니다"라고 써놓고, 대구에서 일이 없을 때는 "서울 본사 출장으로 오늘은 자리를 비웁니다"라고 써놓았다. 사람들은 "우와, 이 사람 유명한가 보다"라고 생각했다고 한다. 소비자들이 희소성을 느끼는 것이다. 그래서 이곳은 일을 많이 안 해도 수익이 꽤 좋다고 한다. 일거리가 많이 없어도 오래 일할 필요가 없는 것이다.

탄력근무제로 일의 효율성을 높이다

2000년대까지만 해도 8시 반에 출근해 밤 11시까지 줄구장창 일을 했다. 집에 오면 12시였기 때문에 제대로 쉴 시간도 없었다. 그때는 나뿐 아니라 다들 그렇게 일했다. 직원들은 30분만 일찍 퇴근시켜 줘도 아주 좋아했다. 그때에 비하면 지금의 젊은 직원들은 더 많은 걸 해줘도 그 이상을 요구한다. 앞으로도 젊은 세대들은 더 많이 요구할 것이다. 사실 이것은 경중의 차이가 있을 뿐 정해진 미래다. 그렇다면 나는 따라갈 수밖에 없다. 혼자만 그게 아니라고 주장해봤자 일의 효율이 나지 않는다.

우리 매장도 지금은 근무시간을 줄였다. 9시 30분 출근에 7시 퇴근이다. 이렇게 하기까지 시행착오가 없었던 건 아니다. 8시 퇴근으로 했다가 중간에 9시 퇴근으로 바꿨다가 자꾸 젊은 직원들 힘들게 해봤자 얻는 게 없겠다 싶어서 결국 7시 퇴근이 됐다. 대신 매장에서 손님 서비스가 늦어질 때 갑자기 문을 닫을 수는 없으니까 8시까지는 한두 명만 남는 것으로 했다. 직원 중에 연장자가 있는데 그가 한 시간 늦게 출근하는 대신 한 시간 늦게 퇴근하는 것으로 했다.

홈페이지와 블로그에서 매장 오픈 시간은 공식적으로 오전 10시 30분부터 오후 7시까지로 해놓았다. 회의할 시간이 없어서 출근은 10시에 하고 오픈 시간은 30분 늦추는 것으로 했다. 예전 같으면 회의를 하기 위해 전 직원이 30분 일찍 출근했지만, 지금은 그런 게 안 된다. 만약 야근하라는 이야기가 나오면 입이 비쭉 나올 것이다. 그래서 그냥 공식적인 매장 오픈 시간을 10시 30분으로 늦추고 그때까지 직원회의를 하거나 교육하는 시간으로 정했다.

퇴근 시간과 마찬가지로 아침에도 모든 직원이 똑같이 출근하는 것은 아니다. 10시부터 매장 문을 열어놓지만 공식적인 오픈 시간은 10시 30분이고, 일부 직원은 9시 30분부터 매장에 와 있다. 또 일부 직원은 10시부터, 일부 직원은 10시 30분부터 매장에 있는 것으로 분산시켜 놓았다.

예전에는 나도 사장이나 모든 직원이 누구나 똑같이 출근하고 똑같이 퇴근해야 한다는 마인드였다. 그러나 지금은 그런 생각들을 버렸다. 있는 직원을 최대한 활용하는 것이 가장 효율적인 운영이라는 것을 깨달았다. 그게 대형 매장의 장점이다. 직원이 한두 사람이면 그렇게 하지 못하지만 10명의 직원이 있는 매장이면 시간대별로 탄력근무를 할 수 있다. 그러면 효율적인 매장 운영도 되고 직원도 만족시킬 수 있다. 직원이 변하지 않으면 내가 변하면 되는 것이다.

전문성인가, 가격인가

앞으로 안경 업계는 두 가지가 양존할 것이라 생각한다. 전문성을 갖춘 안경원과 가격에 집중하는 안경원이다. 둘 중 하나가 없어지거나 하진 않을 것이다. 새롭게 안경원을 시작하는 사람이라면 둘 중 하나의 방향성을 확실하게 가지고 가야 생존할 수 있을 것이라 생각한다. 그중에서 나는 전문성을 갖춘 안경원으로 방향을 정했다.

내가 직접 운영하고 있는 안경원은 전문성 콘셉트를 가진 매장을 지향하고 있다. 그리고 가격에 집중하는 안경원은 이제 '원가안경'이라는 새로운 프랜차이즈 브랜드를 발전시킬 생각이다. 전문성을 지향할 때는 타깃을 넓게 가지기가 힘들기 때문에 프랜차이즈를 시도하더라도 실현하기가 힘들다. 기술이 완숙하지 않은 젊은 안경사는 덤벼들지 못할 것이다. 직업적인 자부심이 확실히 갖춰진 안경사는 전문성을 지향하는 시도를 해볼 수 있지만, 그렇지 않으면 가격에 집중하는 매장이 쉬울 것이다. 그래서 프랜차이즈는 양분화시켜서 진행하고 있다.

그중에서 전문성 브랜드는 본사에서도 주력으로 삼아 활성화할 예정이다. 앞으로 갖춰가야 할 일이 많다. 세상은 이제 일은 적게 하면서 수익을 높이는 구조로 가는 것이 대세다. 박리다매가 아니라 부가가치를 높여 매출을 많이 올리는 구조로 바꿔가는 것이다. 그 무기는 예약제와 피팅 기술이 될 것이다. 그래야 비용도 줄이면서 일의 효율도 높일 수 있다. 예전에는 예를 들어 100명이 10억 원의 매출을 올려주었다면 이제는 50명이 10억 원의 매출을 올려주는 구조로 세팅되어야 한다. 그렇게 되면 직원을 10명 두어야 돌아가던 매장도 5명만 있으면 작동하게 된다. 시간의 효율화를 이루면서 스트레스도 줄어든다. 직원들뿐 아니라 사장의 스트레스도 줄어든다. 관리해야 할 직원의 수가 줄어들기 때문이다.

안경원 매장이 한 번 더 업그레이드해야 할 시점이 오면 다음에는 '희소성'을 줄 예정이다. 미장원에서도 원장님이 모든 손님을 응대하지는 않는다. 좀 특별한 손님들이 왔을 때 등장한다. 지금은 모든 고객들의 피팅을 내가 해주고 있지만 교육을 통해 인재들이 계속 길러지면 어느 시점부터는 나는 뒤로 물러날 순간을 찾아야 할 것 같다. 대신 "올 때마다 사장님이 없던데요" 하는 소비자들이 많으면 안 된다. 그러면 소비자들은 점차 이런 생각을 한다. "이제 돈 좀 벌었나 보지?" 희소성을 주면서도 고객이 헛걸음을 안 하려면 예약제가 역시 답이다.

"아이고 죄송합니다. 주말에는 제가 100% 있으니까 그때 오십시오"라고 하면 고객들은 오히려 좋아한다. "대표님은 주말에도 계속 일하시니까 대단하다고 생각해서 여기 계속 옵니다" 하는 반응을 보여준다. 그동안 봐왔던 사장들은 주말에는 직원들한테 맡겨놓고 골프장에 가 있는데 이렇게 큰 매장을 하는 사장이 주말에 올 때마다 일하고 있으니까 특별함으로 보이는 것이다. 그 점은 오히려 경쟁력이 될 수 있다.

사장이 현장에 있어야 하고 그걸 보고 직원들이 따라하는 방식도 이제는 옛날 이야기가 될 수도 있다. 시스템을 잘 만들어놓고 관리를 잘하면서 측정 도구가 정확히 작동하는 것에만 신경쓰는 방식으로 해야 할지도 모른다. 다만 피팅 기술이라는 것이 시스템화하기가 좀 어려워서 내가 전념하지 않아도 매장이 잘 돌아가려면 시점을 잘 찾아야 할 것이다.

피팅 기술과 예약제의 양축을 자리잡게 하는 것, 그것이 내가 꿈꾸는 미래 안경원의 모습이다. 안경사만이 할 수 있는 전문성을 부각시켜 가격경쟁은 뒤로 하고 경험을 제공하는 방향으로 가야 한다. 안경사가 고객에게 제공할 수 있는 최고의 경험은 바로 피팅이다. 각자 다른 얼굴에 적합하게 딱 맞춰주는 전문적인 손기술이 아직까지 고객이 해보지 못한 체험이다. 피팅이야말로 고객 감동을 줄 수 있는 안경사 고유의 자산이다.

대한민국 대표 브랜드를 꿈꾸다

《파리에서 도시락을 파는 여자》라는 책을 봤다. 켈리 최라는 사람이 파리에서 김밥을 파는 이야기다. 머리를 잘 썼고 참 대단한 사람이라는 생각이 들었다. 특이한 것은 전부 글로벌하게 외국을 공략했다는 것이다. 자화자찬 같지만 나도 그에 못지않게 고생을 많이 했기 때문에 어렵지 않아 보였다. '아, 나도 외국으로 나가야겠다'는 생각을 했다.

30년 가까이 너무 달려온 것이 사실이라 60대에도 지금처럼 활기차게 일하려면 앞으로 10년은 몸관리에 신경쓴다는 것이 내 개인적인 목표다. 예전처럼 혹사하면 몸이 다칠 수 있기 때문에 가속도를 줄이고 안정기로 삼으려고 한다. 그러나 꿈은 품어놓고 있다. 주변의 조력자들과 함께 어느 나라가 좋겠는지 연구해보고, 해외 매장을 하나 열어보자고 이야기하고 있다. 그저 매장 딱 하나만 성공시키면 흐름을 탈 수 있다. 우리나라는 안경사 제도가 있어서 면허증이 있어야만 사업을 하지만, 그렇지 않은 곳도 있으니까 공략해볼 만하다 생각한다. 전문성과 경험을 가지고 있기 때문에 '나도 해봐야겠다'는 확신이 든다.

최근 한국 관련 컨텐츠가 세계적으로 인기를 얻고 있는 것도 도움이 될 것 같다. 유럽 같은 곳에서는 안경 하나 맞추려면 일주일이고 열흘이고 기다려야 해서 고객들은 속이 터지는데, 한국 안경원만의 신속 정확함은 차별화 포인트가 될 수 있을 것이다. LA의 한인 안경원은 기다리지 않아도 안경을 바로 맞출 수 있다는 소문이 나면서 사람이 아주 많이 몰리고 있다는 이야기도 들었다.

해외 사업에 대한 꿈을 꾸는 사람은 많은데, 막상 해외로 나가서 성공하는 사람은 많지 않은 것 같다. 그러나 운이 좀 따라준다면 이미 갖추고 있는 경험과 노하우를 가지고 한국에서 사업하는 것보다 더 잘 될 수도 있다고 생각한다.

'다음엔 뭘 하지?' 생각하면서 항상 목표를 업그레이드시키면서 비즈니스를 이어왔다. 지금까지 목표한 바는 다 이루었고, 이제 '대한민국 대표 1등 브랜드'를 향해 달려가고 있다. 목표를 다 이루려면 앞으로도 10년은 걸릴 수도 있겠지만, 상관없다. 꿈은 계속 업그레이드되어야 한다.

6th Change

새로운 변화 앞에 서서

"10년 후에도 여전히 활기차게"

고객의 컴플레인에 대처하는 법

아무리 세상이 바뀐다 해도 고객을 대면하는 일은 언제나 어렵다. 옛날 어르신들이 말씀하시길, "장사하는 사람들 똥은 개도 안 먹는다"고 했다. 예전에는 이게 무슨 말인지 몰랐다. 그런데 장사하면서 '인간'이란 존재를 이해하려고 노력하다 보니 무슨 말인지 알게 됐다. 장사하는 사람은 화가 나도 화를 못 내고 속으로 삭이다 보니까 속에서 개도 피할 만한 배설물이 만들어지는 것이다.

젊었을 때는 누구나 사람은 다 착하다고 믿고 살아왔는데, 꼭 그렇지만은 않다는 것을 알게 됐다. 물론 세상에는 착한 사람이 훨씬 더 많다. 그러나 간혹, 좋게 말하면 자기만의 기준과 가치관으로 사는 사람들이 있다. 왜 그런지 모르겠지만 참으로 이상한 기준과 원칙이 많다. 보편적인 상식과는 다른 기준으로 세상을 대하고 사람을 대하는 사람들이 꽤 있는데, 이런 사람들은 다른 사람과 대화하고 타협하는 것을 잘 모른다. 오로지 자기만의 기준을 들이밀고 그것만 계속 고집하기 때문에 대화가 이어지지 않는다.

30대 초반의 어떤 고객이 안과 처방을 가지고 왔었다. 그가 4년 전에 맞춘 안경이 있어서 예전 데이터와 비교해봤는데, 새로운 안과 처방이 도저히 적응을 못할 것 같은 도수였다. 너무 큰 변화여서 그 처방대로 하는 게 무리라고 생각됐다. 그래서 고객에게 상황을 확인했는데 그는 "이번에는 안과에서 해준 대로 한번 써보고 싶다"고 했다. 안과의사 처방이 있는데 안경사가 그 처방을 뒤집는 건 법적으로 불가능하기 때문에 고객의 의지가 그렇다면 어쩔 수 없이 해줘야 했다.

감정노동자는 갑질에 웁니다

안과의사 처방대로 안경을 맞춰 간 고객은 며칠 후 "못 쓰겠다"며 다시 방문했다. 안과 처방전으로 맞춘 안경이기 때문에 문제가 있다면 다시 안과 병원으로 가서 상담을 받아보라고 했다. 그 상황에서 법적으로 안경사는 안과의사의 처방을 건드릴 수가 없다는 점을 다시 설명했다. 그런데 고객은 안과는 안 가겠다고 버티면서 여기서 그냥 해결해 달라고 했다. 안과 의사가 어떤 소견으로 처방을 냈는지 그 이유가 있을 텐데 설명을 듣고 나서 문제가 있다면 처방을 바꿔줘야 처리할 수 있다고 했지만, 그는 안 가겠다고 했다. 그냥 여기서 다시 검안하고 바꿔 달라고 했다. 검안을 해보니 상황을 대충 짐작할 수 있었다. 이 사람은 시력이 잘 안 나오는 문제를 안고 있는 것으로 보였다. 안경으로 교정을 한다고 해서 모든 사람이 1.0 시력이 나올 수 있는 건 아니다. 아무리 도수를 높여도 0.7밖에 안 나오는 사람, 0.6밖에 안 나오는 사람이 의외로 많다. 의사 선생님과 상담하면서 대화 중에 뭔가 혼돈이 있었을 가능성도 있다. 충분히 있을 법한 사례이지만, 그래도 내 의견이 100% 맞다고 할 수는 없으니까 다시 한 번 안과 병원으로 가서 체크해보기를 권했다.

안과의사 처방을 변경할 수 없다는 점을 거듭 공지했지만 고객은 새로 검안한 대로 렌즈를 교체해 달라고 했다. 제조 공장에 안경렌즈의 재료비 원가를 확인한 뒤 원가 금액만 지불하면 새로 검사한 도수로 안경을 바꿔드리겠다고 제안했다. 그런데 이분의 반응이 당황스러웠다. "왜 내가 돈을 내냐"는 것이었다. 당연히 무료로 바꿔줘야 하는 게 아니냐고. 안과 처방대로 했을 경우 적응하지 못할 가능성에 대해 공지했음에도 불구하고 그 고객은 안과에 재방문하는 선택을 하지 않았다. 여기에는 안과 처방이 잘못됐을 리 없다는 자기 신뢰가 있었을 것이다. 그렇다면 안과 처방 그대로 안경을 맞춘 선택에 대해서는 본인이 책임을 져야 한다. 만약 안과의

사와 상담하는 도중에 오류가 생긴 것이라면 그건 안과에 가서 말하면 될 일이고, 안과의사에게 타당한 이유가 있어서 그렇게 한 것이라면 그걸 확인하라는 안경사의 권유를 따르지 않은 본인의 잘못이 되는 것이다. 이 사회의 의료 시스템 안에서 사람들도 어떻게 해야 소비자로서 현명한 선택을 할 수 있을지 생각해봐야 한다. 어떠한 경우에도 이유 불문하고 내 손해는 판매자가 대신 져야 한다는 건 소비자 갑질에 불과하다. 안경원의 이익을 배제하고 원가만 받겠다는 배려는 그분에게 배려로 보이지 않았던 모양이다.

20대, 30대에는 나도 손님들 때문에 엄청나게 고민을 많이 했다. '왜 저렇게 자기밖에 모를까? 이상한 사람이다'라고 생각했다. 그런데 어느 날 매매(賣買)라는 한자를 들여다보다가 깨달은 것이 있었다. '장사'의 사전적인 의미는 이익을 얻으려고 물건을 사고파는 일이다. 한자로 하면 매매(賣買)인데, 자세히 보면 재밌는 걸 알 수 있다. 살 매(買)와 팔 매(賣)의 차이점은 팔 매(賣) 자 위에는 선비 사(士) 자가 붙어 있다는 것이다. 살 매(買)에는 선비가 없다. 옛날 어른들은 판매자는 양반이 돼야 한다고 봤던 것이다. 구매자는 상놈이 될 수 있지만 판매자는 상놈이 되면 안 된다. 판매자는 그만큼 참고 또 참아야 한다는 뜻이다. 구매자는 욕도 잘할 수 있지만 판매자는 선비처럼 웬만하면 말을 곱게 써야 한다. 만약 손님이 왕이 맞다면 살 매(買)에는 임금 왕(王)이 있어야 한다. 이걸 깨달은 순간 나는 스트레스 덜 받고 참는 것을 배우게 됐다.

화난 고객이 원하는 건 공감이다

반면에 안경원 직원이 고객의 마음을 헤아리지 못해서 벌어지는 불상사도 있다. 세상 사람들 대부분은 착한 사람들이란 점을 간과하기 때문이다. 불만족한 고객이 컴플레인을 할 때 가장 중요한 핵심은 공감해주는 것이다. 말이란 '아' 다르고 '어' 다르다는 점을 잊지 말아야 한다. 안경을 맞춘 지 1년밖에 안 됐는데 부서졌다며 컴플레인을 걸어온 고객이 있었다. 자신은 엄청 소중하게 썼는데 그렇게 됐다는 것이다. 응대했던 직원은 제조사나 유통사에 보내서 교환을 요구해봤자 소비자 과실이라며 수리 서비스를 해주겠다는 정도에서 끝날 것이라고 생각했다. 그래서 직원은 "이거 제조사에 보내봐야 수리하는 걸로 결론이 날 테니까 수리를 보내자"고 했다. 직원 말이 틀린 건 아니었지만 고객은 화가 났고 다툼 끝에 "사장 나와" 상황이 됐다.

고객의 이야기를 내가 들어보니, "어떤 컴플레인을 거는 손님이 있을 때 그걸 해결해주기 위해 무언가 노력을 하고 그 결과를 가지고 설득을 하면 수긍할 텐데, 직원은 이전의 경험과 관례를 가지고 밀어붙였다"는 것이다. 그가 화가 났던 건, 안 될 때 안 되더라도 제조사에 보내보고 나서 '안 됐습니다' 하는 것과 아무런 조치 없이 여태까지 관행으로 무조건 모든 고객들에게 '안 됩니다' 하는 것은 다르지 않냐는 것이다. 그의 이야기는 충분히 논리정연했으며 타당했다. "충분히 무슨 말씀인지 알겠습니다. 정말 죄송합니다" 하고 정중히 사과드렸다.

이 고객은 아마 교환을 요구해도 안 될 가능성이 크다는 사실을 마음속으로는 알았을 것이다. 다만 혹시나 하는 마음 반, 확인하는 마음 반으로 부서진 안경을 들고왔던 것 같다. "소중히 썼던 안경"이라는 말에 그 마음이 담겨 있다. 그는 그저 위로받고 싶었던 것일지도 모른다. 고객 응대 서비스를 하는 사람에게 중요한 자질은 공감력이다. 고객이 이야기하면 일단 받아줘야 한다. 그가 원하는 것은 금전적인 보상이 아닐 수 있다. 그저 뭐라도 해보고 싶어서 행동을 취하는 것일 가능성이 크다. 거기서 '노'를 이야기하면 거기에 적용된 기준이 타당하더라도 그건 고객이 습득한 체험이 아니기 때문에 반발심이 생긴다. 결국엔 우리 기준이 맞을지라도 마음을 읽어 공감을 해주는 것이 맞다. 그 안경에 대해 벌어진 사건의 당사자는 안경원이 아니라 고객이기 때문이다.

고객의 자녀가 안경을 맞췄을 때도 주의해야 할 점이 있다. 어떤 이유로 안경이 부서진 상황이라면 "혹시 안 다쳤어요?" 하고 아이를 먼저 걱정해주어야 한다. 그런데 초보자들은 수리 건이 들어왔으니까 그 물건에 대해서 이야기한다. 그리고 내 잘못이 아니라고 확인하는 걸 우선시한다. 그러면 고객은 더 화가 난다. 고객이 자녀가 잘못한 과실에 대해서는 이야기를 하지 않고 안경테를 탓할지도 모른다. 안경이 약하다거나 불량 아니냐고 이야기할지도 모른다. 거기에 대고 “불량이 아니다” 같은 원론적인 이야기를 하면 이상하게 화가 더 난다.

그것보다는 “안 다쳤니?” 하는 한 마디를 먼저 해주면 화가 사그라든다. 우선 감정을 가라앉혀놓고 컴플레인을 해결해야 된다. 그 고객은 그저 아이가 부주의하게 안경을 부러뜨린 게 속상했던 것일 수도 있다. 거기에 대고 자기중심적으로 설명을 하다 보면 컴플레인 해결률이 낮아진다. 고객 불만족을 줄이는 방법은 공감대 형성을 하고 맞장구를 쳐주는 것이다. 고객이 하는 말을 액면 그대로 해석하지 말고 그 이면을 볼 수 있어야 한다. 말은 “안경이 부서졌다”고 하고 있지만 그게 전부가 아닐 수도 있다.

안경보다는 사람을 먼저 보면 생각보다 해결이 잘 될 수 있다. 비즈니스라 해도 결국엔 모두 사람이 하는 일이다. 감정을 감싸주는 멘트를 할 수 있다면 고객은 금세 내 편이 될 것이다. 그런데 이런 걸 누가 가르쳐주는 사람도 없고 겪어보지 않았으니까 젊은 직원들은 잘 모른다. 그럴 때는 긍정의 맞장구를 치는 연습을 하면 된다. 상대방이 하는 말을 똑같이 반복해서 한 번 더 해주는 것이다. “안경이 부러졌어요”라고 했다면 “아, 부러졌어요?” 하는 것이다. “어떡하죠? 많이 속상하셨겠어요. 다치진 않으셨어요?”라고 덧붙여주면 최상이다. “안 됩니다”, “어렵습니다” 같은 부정의 말은 금지어다. “알아보겠습니다” 같은 말로 바꾸면 고객 불만족은 현격하게 줄어든다.

나는 젊은 직원에게 더 이상 충고하지 않는다

예전에는 직원을 뽑아서 쓴다는 것이 사장이 편하기 위해서였다. 그런데 지금은 사장이 혼자서 모든 일을 다 할 수 없기 때문에 직원을 쓰는 것이다. 혼자 힘으로는 할 수 없는 부분을 맡길 뿐이다. 대기업이 아닌 이상 소사장들은 모든 부분에서 컨트롤을 직접 해야 한다. 예전에는 사장 눈치를 보면서 직원이 열정적으로 일하는 것이 당연시됐지만, 요즘에는 그런 직원들이 거의 없다. 직원이 알아서 잘해줄 것이라는 기대는 안 하는 것이 좋다.

요즘엔 직원 교육이 더욱 중요해졌다. 고객에게 제공해야 할 서비스는 점점 고퀄리티가 되고 있지만, 직원들은 내 분신처럼 움직여주지 않는다. 사장을 대신할 수 있도록 시켜보지만 빈 구석은 결국엔 내가 다 채워야 된다. 사장 주도 하에 진행되는 일인 것이다.

예전에는 사장 밑에 부장급을 한 사람 쓰는 방식으로 조직 구성이 이루어졌다. 그 사람을 통해서 모든 명령을 전달하면 직원들이 움직였다. 그런데 지금은 그런 방식의 한계점을 느끼기 때문에 조직 구성이 달라졌다. 예전엔 한 사람만 관리하면 되니까 관리 측면에서 당장은 쉬울지 몰라도 고객들의 니즈를 파악한다든지 갈등을 해결하는 데에는 마이너스였다. 나중에 그 부장이 그만두면 빈자리가 크고 뒤탈이 많다. 고객을 빼내가기도 하고 직원을 한꺼번에 빼갈 수도 있다.

요즘의 소상공인이나 개인사업자들은 사장 주도하에 모든 것이 움직여야 조직이 원활하다. 각각의 직무에 나를 대신할 사람을 앉혀놓는데, 그는 부장일 수도 있고 사원일 수도 있다. 직급이 중요한 건 아니다. 내가 발휘할 수 있는 에너지와 내가 가진 시간이 한정적이라서 맡기는 것이다. 마치 능력 있는 변호사 1명에 사무장, 비서 등 스태프들이 딸려 있는 모습과 같다. 작은 매장이라면 혼자 할 수 있는 일이지만 매장이 커지니까 직원이 필요한 것이다.

예전에는 직원들에게 주인정신을 강조했다. 창의력을 발휘해서 알아서 성과를 만들어내라며 열정적으로 일하라고 강요했다. 그런데 잘 생각해보면 이게 좀 말이 안 된다. 자기 가게가 아닌데 그렇게 해야 할 이유가 직원에게는 딱히 없다. 요즘에는 주인정신을 이야기하면 안 된다.

교육을 통해서 해야 할 이야기는 "네가 맡은 일은 이것이니 맡은 것만큼은 완벽하게 잘해 달라"는 것이다. 다른 말로 하면 매뉴얼이다.

충고가 꼰대 잔소리로 들릴 때

지금 시대에는 사장부터 직원에 대한 마인드를 바꿔야 할 것 같다. 예전의 나는 교육하면서 피드백해주고 미래에 대한 설계도 해주면서 같이 고민도 하고 그랬다. 요즘에는 그렇게 하면 직원들이 너무 힘들어한다. 그저 직장에서 스트레스 안 받고 편안하게 일할 수 있을 정도로 최소한의 요구사항을 만들어놓아야 한다.

어느 순간부터 나는 '요즘 젊은 직원들 포기했어, 이제 바꾸려고 하지 않을 거야'라고 결심했다. 그동안 나는 너무 다른 사람의 삶까지 챙기려는 나쁜 버릇이 있었다. 젊은 사람들에게 너무 충고하려고 했던 것 같다. 그들의 삶에 개입하려고 했던 것이다. 충고란 좋은 뜻으로 말하면 아랫사람이나 주위 사람들에게 해주는 말이다. 하지만 그 말은 받아들이는 사람에 따라서 진정한 조언이 될 수도 있고 아니면 아주 귀찮은 잔소리가 될 수도 있다.

나는 그전까지 충고라는 말을 좋은 말로만 생각했는데, 그게 아니었다. 세상이 변했다는 말이 많이 들리는데, 그중에서 가장 많이 바뀐 것은 해석하는 방법이 다양해졌다는 것이다. 똑같은 말이라도 그 사람의 성향, 의식 수준, 주변 환경에 따라 전혀 다른 말로 들릴 수 있다. 충고는 말하는 사람 입장에서는 상대방의 좋은 변화를 바라는 마음에서 하는 진정성 있는 말이다. 그러나 그런 충고는 아무나 할 수 있는 것이 아니다. 충고하는 사람의 인격이나 존재감이 높을 때 충고하는 말에 효능이 생기기 때문이다. 그렇다면 사실 충고할 수 있는 자격을 가진 사람은 별로 없다.

그동안 나는 받아들이지도 않는 사람에게 충고를 너무 남발해왔던 것 같다. 충고는 말하는 사람이 말하기 편한 방식으로 피드백을 전달하는 것이다. 아마도 이제까지 나는 충고라는 이름으로 부정의 피드백을 했을 것이다. 상대가 잘 되라고 하는 말이라면서 "이게 잘못 됐어, 저건 저렇게 해야 돼", "앞으로 이렇게 살아야 돼"라는 식으로 이야기했을 것이다. 이런 부정의 피드백을 요즘 세대는 '꼰대 잔소리'라고 부른다. 그렇게 해봤자 젊은이들은 바뀌지 않는다. 나도 피곤하고 그들도 피곤하고 피차 힘들기만 할 뿐이다.

그래서 결심한 것이 부정의 피드백을 없애고 긍정의 피드백을 하기로 한 것이다. 내가 말하기에 편한 것 말고 상대방이 바뀔 수밖에 없는 방식으로 전달하려면 말을 줄이고 어떻게 하면 되는지 몸으로 보여줘야 한다. 진득하니 기다려주면서 상대를 살펴야 한다. 긍정적으로 좋게 보려는 마음으로 다른 사람의 삶도 존중하고 이해하면서 주위를 살펴야 한다. 그리고 시키는 것보다 내가 몸소 보여줘야 한다. 그것이 내가 말할 때 말발이 사는 길이다.

일머리를 키우기 위한 최소한의 요구

미국에서 맥도날드 알바생에게 일을 시키기 위해 전화번호부 두께의 깨알 같은 매뉴얼집을 만들었다는 이야기를 들은 적이 있다. 우리나라에서 1970년대, 1980년대에 산업화가 한창 진행될 때는 먹고사는 욕구가 있어서 직원들이 알아서 일하는 분위기가 있었다. 지금은 우리도 미국처럼 업무를 세세하게 매뉴얼화해서 일일이 체크하지 않으면 안 움직이는 시대가 됐다.

우리 안경원에서도 직원들에게 '이것만은 꼭 해야 한다'는 규칙 몇 가지를 요구하고 있다. 이걸 직원들이 잘 지키려면 사장이 매달 꼼꼼히 체크하면서 직접 챙겨야 한다. 한 달은 내버려둬도 잘 하지만 두세 달 지나면서 사장이 따로 말하지 않으면 직원들은 자꾸 하기 싫어하고 귀찮아한다. 열 가지 해야 할 일이 있다면 하나 둘씩 잊어버리다가 석 달쯤 지나면 다 잊어버릴 수도 있다.

회사 차원에서 직원들에게 요구한 것은 첫째, 매달 2일에 각자 개인의 목표를 제출하라는 것이다. 누구든 목표하는 도달점이 있어야 발전이 있는 법이다. 그것으로 상벌을 주는 건 아니지만, 이런 습관이 돼 있어야 뭐든 잘할 수 있기 때문이다. 그리고 매달 15일에는 중간보고를 제출해야 한다. 목표를 얼마나 달성했는지 중간점검이 필요하기 때문이다.

둘째, 아침에 출근하면 5분 동안은 자기 주변의 청결 상태를 점검하고 먼지를 닦으라고 한다. 30년 전 같으면 직원들이 아침에 출근하면 청소부터 하는 것이 관례였지만 지금은 그런 걸 시키지 않는다. 청소 도우미를 따로 두는데, 대신에 모든 곳을 구석구석 다 닦아줄 수는 없기 때문에 아침에 딱 5분만 세밀한 곳을 체크하라는 것이다.

셋째, 마감을 하면 일찍 퇴근해도 되지만, 대신 그날 응대했던 고객이 몇 명인지, 어느 품목을 몇 개 팔았는지는 보고해 달라고 한다. 이것은 손님을 균등하게 받기 위한 것인데, 10명의 직원이 있고 100명의 고객이 왔으면 10명씩 응대하라는 것이다. 일이 한 사람에게 쏠리는 것을 방지하기 위한 것이다.

이밖에도 몇 가지가 있는데 최소한의 회사 규칙은 지킬 것을 약속받지만 자꾸 반복해서 이야기해야 직원들을 움직이게 할 수 있다. 어떤 때는 젊은이들의 도전의식이 점점 사라져가는 것 같아 안타깝다. 능동적인 한국인은 어디 가고 수동적인 사람들만 남은 것 같다. 해외 업무가 많은 어느 회사에서는 해외파견 근무를 가려는 젊은 직원이 점점 줄어드는 날이 올 것이라며 걱정하는 모습을 본 적이 있다. 코로나19 팬데믹이 유럽에 대한 로망까지 깨뜨려버렸으니 국내에서 일하는 것이 가장 편하다는 인식이 퍼져버리면 해외파견 사원을 구하는 것도 어려워지는 시절이 올지도 모른다.

그래서 대기업들은 매뉴얼들을 차곡차곡 쌓아 그걸 기계로 대체하는 작업들을 하고 있나 보다. 안경 업계는 기계로 하는 데 한계가 있다지만 다른 산업계에서는 가능한 일이다. 사람 다루는 게 워낙 스트레스받는 일이고 투자해도 소용이 없으니까 기계로 대체해버리는 것이다. 스스로 일하지 않는 사람을 일하게 하려고 매뉴얼을 세세히 만들어놓았다면 기계로 대체하는 것이 상대적으로 쉬울 것이다. 자영업자와 소사장들에게도 직원들이 일할 수밖에 없는 환경을 만드는 작업은 계속해서 고민의 영역이 될 것 같다.

눈만 보는 안경사, 사람을 보는 안경사

스스로 할 일을 찾아서 일하는 직원이 극히 적어진 요즘에 자주 볼 수 있는 모습이 있다. 자신의 몸값에 대해 막연히 고평가하고 있는 직원들이 있다는 것이다. 작은 기업은 더 벌어들이는 것이 있어야 월급이나 보너스를 줄 수 있다. 대기업이나 투자금이 들어오는 벤처기업과는 다르다. 그러면 월급을 100만 원 더 받고 싶은 직원은 회사 매출을 100만 원 더 올리면 되는 걸까? 그 직장인도 언젠가는 돈을 주는 오너가 될 수 있으니까 돈에 대한 기준을 잘 잡고 있어야 한다.

직원이 월급을 많이 달라고 하면 나는 오히려 좋아한다. 그건 그가 더 벌겠다는 이야기가 된다. 그러나 생각 없이 그저 "내 친구가 100만 원을 더 받으니까 나도 받고 싶다"는 건 아이 같은 발상이다. "내 연차가 얼만데" 하는 것도 잘못된 생각이다. 회사에 돈을 더 벌어다주는 것이 아닌데 월급을 더 달라고 하는 건 절대 성사될 수 없는 이야기다. 그런 건 마찰의 씨앗이 될 뿐이다.

나는 직원들에게 월급을 많이 주지 않는다. 그렇다고 적게 주지도 않는다. 시장의 흐름에서 적당한 선에서 책정한다. 다만 20년 전에도 30년 전에도 실력 있는 직원에게는 아낌없이 투자했다. 27, 28세의 직원에게도 업계 최고의 월급을 지불하곤 했다. 그만큼 배팅을 했다. 나는 자식에게도 돈에 대해서는 철저한데, 젊은 나이에 쉽게 돈을 번 사람들이 몇 년 못 가서 망해버리는 경우를 너무 많이 봤기 때문이다.

안경원들은 인센티브 제도를 두는 경우가 많다. 어떤 곳은 품목마다 인센티브를 걸어놓는 경우도 있다. A를 팔면 2천 원, B를 팔면 3천 원을 주는 식이다. 그렇게 하면 한 달에 20만 원, 30만 원씩 인센티브를 받아가는 직원도 생긴다. 그러나 안경업은 그렇게 하면 안 된다고 생각했기 때문에 그동안 인센티브를 도입한 적이 없었다. 의료기기인 안경은 고객의 필요에 따라 적절한 상품을 팔아야 하는데, 공산품을 팔듯이 내가 돈 벌기 위해서 안경을 권하는 식으로는 절대로 오래 갈 수 없다고 생각했다.

돈을 더 쓰게 하면 능력 있는 직원일까?

여기에 A, B, C 3명의 직원이 있다. 고객이 1명 들어왔고 그는 10만 원의 비용을 들고 안경원에 왔다고 해보자. A직원은 고객에게 5만 원짜리를 팔았다. B직원은 10만 원짜리를 팔았고, C직원은 15만 원짜리를 팔았다. 사람들은 누가 가장 뛰어난 직원이라고 생각할까? 이럴 때 보통은 15만 원짜리를 판 C직원이 가장 뛰어나다고 생각한다. 자기가 원하는 대로 고객을 끌고 가는 상술이 좋은 사람이기 때문이다. 10만 원을 예상했는데 사람을 홀려서 돈을 더 쓰게 한 것이다.

그러나 지금은 시대가 바뀌었다. 나는 10만 원짜리를 원하는 고객에게 10만 원짜리를 팔았던 B직원이 가장 잘하는 사람이라고 생각한다. 왜냐하면 고객이 달라졌기 때문이다. 지금의 고객은 아주 똑똑해서 판매하는 사람이 설득해서 자기 페이스로 끌고 가면, 오늘은 구매했더라도 다음엔 안 온다. 바가지 썼다고 생각하는 것이다. 지금의 시대는 고객이 원하는 걸 딱 맞춰주는 것이 잘하는 것이다. 여기에 서비스가 부가적으로 들어가면 만족도는 더 올라간다.

비율로 따지자면 사실 직원 중에는 10만 원 예상하고 온 고객에게 5만 원짜리를 파는 A직원이 가장 많다. 예나 지금이나 시대가 바뀌어도 A직원은 실력이 없는 사람이다. 그에 비하면 15만 원짜리를 팔 수 있는 C직원은 뛰어난 것이 맞다. 그래도 내가 생각하는 가장 능력 있는 직원은 오래 가는 장사를 이어갈 사람인 B직원이다. 시간이 지날수록 매출이 꾸준히 늘어나기 때문이다.

10만 원짜리를 원하는 고객이 15만 원 쓰게 만들면서 '나는 잘해'라고 생각하는 사람들이 있다. 그런데 내가 볼 때는 불안하다. '어, 지금 과한데!' 싶은 것이다. 때로는 그런 전략이 먹힐 때도 있지만 중요한 건 사람을 잘 읽어야 한다는 것이다. 이런 방식이라면 처음에는 매출이 오르는 것 같다가도 더 이상 성장하지 못하고 정체기를 겪을 것이다.

원하는 걸 딱 맞춰줬던 B직원이 응대한 손님은 충분히 만족할 것이고 다른 사람에게 이 안경원을 소개할 것이다. 소개받은 사람이 만족하면 또 다른 사람을 소개하는 흐름을 만들 수 있다. 그러면 매장은 오래 잘 굴러갈 수 있다. 단골 고객과 재구매율이 나에게는 가장 중요한 지표다. 오늘 내가 얼마 팔았고 얼마를 남겼느냐가 중요한 것이 아니라 다음에 또 오게 할 단골을 만드는 것이 관건이다.

오늘 팔고 그 고객이 다시 오지 않는 경우는 누구나 할 수 있는 고객 응대다. 그보다 능력 있는 직원은 오늘 온 고객이 다음에 또 방문하게 하는 것이다. 그것보다 더 능력 있는 직원은 오늘 온 고객이 다른 손님을 데리고 오게 하는 것이다. 이 정도가 되려면 대단한 만족을 줘야 한다. 이런 일이 자주 벌어지는 것은 아니다. 진짜로 감동했을 때에만 다른 사람을 데리고 올 수 있기 때문이다. 직원들에게 교육할 때도 이 관점을 충분히 공유하고 있다. 궁극적으로 우리의 목표는 다른 손님을 데리고 올 정도로 만족을 주는 것이다. 오늘의 판매가 다음으로 이어지지 못하면 장사는 거기서 끝이다.

직원이 사장을 아는 데는 3일이면 된다고 한다. 사장은 일을 진행해야 하기 때문에 거짓말을 할 수 없고 생각을 다 오픈하기 때문이다. 그런데 사장이 직원의 마음을 알려면 3년이 있어도 모른다. 직원들은 말을 가려서 하느라 둘러대는 경우가 많고 충분히 감추고 다르게 말할 수 있다. 그래서 사장은 직원의 마음을 있는 그대로 파악할 수가 없다. 그 대신에 나는 고객이 무얼 원하는지는 금세 알 수 있다. 고객 상담을 하면서 이 사람이 뭘 원하는지 빨리 캐치하는 감각을 키워왔기 때문이다.

앞에서 이야기한 고객이 안경 맞추는 비용으로 10만 원을 생각하는지 5만 원을 생각하는지 어떻게 알 수 있을까? 대놓고 물어볼 수는 없다. 딱히 뛰어날 것 없는 나의 눈에 이것이 보이는 것은 현장에서 '저 고객을 만족시켜야지' 하는 생각을 가지고 많은 만남을 쌓았던 덕분이다. 경험의 양이 쌓이면 실력의 질로 전환되는 법이다.

월급쟁이가 월급을 더 올리는 법

직원이 월급을 100만 원 더 받으려면 얼마를 더 벌면 되는지에 대한 내 생각을 말하겠다. 나의 기준은 최소 3배다. 직원이 100만 원을 더 받으려면 300만 원을 벌어다주면 된다. 근무 중 한 달에 최소 300만 원의 이익금을 발생시켜야 한다. 마진을 50%라고 한다면 매출로 따지면 600만 원을 올려야 한다. 그렇다면 사장은 그 직원에게 100만 원의 월급을 더 줘도 아깝지 않다. 이익금 300만 원 중 100만 원을 직원 본인이 가져가고, 또 다른 100만 원은 매장의 관리비, 유지비, 투자비, 감각상각비 등으로 써야 한다. 그리고 나서 나머지 100만 원을 사장이 가져갈 수 있다. 이 세 가지가 다 충족될 만큼 매출이 늘어날 때 사장과 직원의 관계가 오래 간다. 여기에 더 플러스 알파가 있다면 사장은 그걸 다시 직원에게 돌려줄 여지가 많아지는 것이다.

돈이란 차근차근 벌어야 한다는 생각을 했기 때문에 그동안 나는 한 번도 인센티브를 건 적이 없었다. 직원들에게 10만 원, 20만 원 더 주면 "좋은 사장" 소리를 듣는 것도 알지만 그게 중요한 게 아님을 알기 때문이었다. 그러나 이제 세대가 바뀌었고 나도 바뀌어야 한다는 생각을 하면서 2021년 11월부터는 인센티브 도입을 고려하게 됐다. 매출이 3배 이상 올라가면 개인별로 정산해주기로 선언했다.

피팅 체험형 매장을 테스트하면서 직원들도 더 수준 높은 피팅 서비스를 할 수 있도록 동기부여를 만들고 싶었다. 이제부터는 회사가 원하는 매뉴얼을 정확하게 숙지하고 더 정교하게 수행해야 한다. 마치 병원 시스템과 같은 것이다. 병원에서 진단과 치료는 어떤 사람에게는 이렇게 하고 어떤 사람에게는 저렇게 하면 안 된다. 전문성에 대한 신뢰를 지키기 위해서 정형화된 매뉴얼을 정확히 수행해야 한다.

피팅 체험형 매장에서는 어느 고객이 어느 안경사에게 서비스를 받든 똑같은 매뉴얼의 서비스를 받아야 한다. 그래서 직원은 모든 피팅 매뉴얼을 외우고 숙지하고 연습해야 한다. 매뉴얼이 그대로 수행되고 있다면 개인적인 융통성을 발휘하는 것은 허용될 것이지만, 공통된 매뉴얼을 빼고 독자적인 이야기를 한다면 그건 잘못된 것이다.

젊은 직원들은 고객들을 잘 살피지 못하고 감정을 터치하는 것도 서툴다. 상대를 살피면서 대화해가는 것이 아니라 하고 싶은 말만 한다. 의미가 같은 말이라도 표현을 어떻게 하면 기분 나빠하겠다는 판단을 잘 못하는 경향이 있다. 피팅한 후에 "불편한 데 없으세요?"가 아니라 "편안하시죠?"라고 하는 것이 좋다. 고객 대면에서는 부정적인 표현을 하면 안 된다. 긍정적인 표현을 써야 한다.

상대방의 눈치를 봐가면서 표현의 강도를 선택할 줄도 알아야 한다. 그런데 고객의 기분을 살피지 않기 때문에 여과가 없다. 어떨 때는 '그런 얘기는 하면 안 되는데' 난감할 때가 있다. 또 자신이 원했던 반응이 안 나오면 당황하면서 직원의 멘탈이 나가는 경우도 있다. 예상된 대답이 아닐 때는 얼굴이 벌개진다. 이런 모습들을 교정하는 데 인센티브가 동기부여가 돼서 도움이 되면 좋겠다는 마음이 든다.

시간과 밥만 축내면서 늙고 싶진 않다

20대였는지 30대였는지 정확히 기억은 안 나지만 언젠가 친구와 함께 차를 타고 지나가다가 공원에 앉아서 할아버지들이 고스톱 치고 노는 풍경을 봤다. "산 사람 맞나?" 내가 내뱉은 말에 친구는 "사람 맞지"라고 응답했다. "저건 산 사람이 아니다. 사람이 살았다는 건 뭔가 생산적인 모습이 아닐까? 저건 할 일이 없어서 그러는 걸 텐데 저 사람은 밖에 나와서 밥만 축내는 사람이다. 숨만 쉬고 있다 뿐이지 저건 죽은 사람이나 다름없다." 그때 내가 품었던 생각은 '저 모습이 과연 여유롭게 그늘에서 여생을 즐기는 모습인 걸까?' 하는 의문이었다.

젊었을 때부터 나는 아무리 돈이 많아도 사람은 뭔가 생산성 있는 일을 하기 위해 움직여야 한다고 생각했다. 체력이 허락하는 한 나도 최선을 다해서 일을 하다가 죽고 싶다. 뭘 하든지 간에 직업은 중요하지 않다. 돈을 벌든 봉사를 하든 가치를 만들어내는 일을 하면서 삶을 사는 게 어른으로서 산다는 것이 아닐까 싶다. 그저 나이만 먹지 말고 밥숟가락 놓을 때까지 일은 계속해야 할 것 같다.

나는 50대이고 60을 향해서 가고 있다. '내 나이가 벌써'라고 위축되다가도 고객들 중에 70대에도 50대 정도의 활력을 지닌 분을 보면 깜짝 놀라 자극이 된다. 안경원은 소비자들을 직접적으로 대면하고 남녀노소를 다 볼 수 있기 때문에 60대가 지나서도 에너지 넘치는 사람이 의외로 많다는 걸 체감하고 있다. 환갑을 대단하게 챙기던 시절에는 40대만 돼도 늙었다고 했지만, 지금은 60대에도 청춘인 사람들이 아주 많다.

2020년 대한민국 평균연령이 42.8세이며, 40대가 청년을 담당하고 있는 사회를 우리가 살고 있다. 자기 나이에서 최소 10년은 빼야 예전과 비교할 수 있는 나이가 나올 것이다. 지금 50이면 예전의 마흔이다. 정말 젊게 사는 사람을 과거와 비교하려면 15년은 빼야 할 것이다. 나이 탓만 하면서 스스로를 가두기에는 인생이 너무 아깝다.

60에도 활기차게 살려면 50에 준비한다

'내 나이 60이 다 돼가네'라고 생각하면 삶의 의욕이 떨어진다. 숫자는 잊고 살아야 할 것 같다. 그래도 생물학적인 나이가 있기 때문에 몸이 예전과 똑같지 않은 건 어쩔 수 없다. 그래서 60에 뭔가 이루고 싶은 계획이 있다면 50대인 지금부터 준비를 해야 한다. 60을 건강하게 살고 싶다면 10년 전인 50에 건강을 위해 몸을 챙기는 노력을 해야 한다. 지금 내가 먹고 생활하는 것이 10년 후의 건강 상태에 나타난다. 그 이치를 알고 있는 사람은 삶이 다르다.

나는 당장의 찰나적인 효과가 있는 치료법이나 건강법이 있다고 생각하지 않는다. 지금부터 운동을 한다든지 식사를 조절한다든지 관심을 가져야 한다. 건강은 의사가 대신 챙겨줄 수 있는 영역이 아니다. 의사는 신(神)이 아니며 응급한 상황을 해결해줄 수 있을 뿐이다. 내 건강을 위해서는 스스로 기준을 가져야 한다. 그 기준은 건강할 때 세워야 한다.

몇 해 전에 친구가 간암 판정을 받았다. 나는 예전부터 대체의학에 관심이 많았는데, 의사는 병을 고치는 것이 아니라 그저 자연치유가 되기 위한 방향으로 이끌어갈 뿐이라는 생각을 하고 있었다. 친구에게 병원에 가지 말고 몸의 질병을 인정하고 즐겁게 살면서 잘못된 습관을 바꿔 식사 조절을 해보라고 이야기했다. 그런데 친구는 내 말에 관심을 가지지 않았다. 많은 사람들이 병에 걸리면 그런 말이 귀에 안 들어온다. 결국 친구는 이곳 저곳 병원에서 몇 억 원의 돈을 까먹은 채 시한부 선고를 받고 산속으로 들어갔다. 내가 찾아갔더니 죽을 날이 됐다며 "재환아, 니 말대로 할 걸 후회스럽다"고 울었다.

나도 그 친구의 죽음 후에 적잖이 상실감을 느꼈고 보험을 들었다. 보험설계사가 '암 걸리면 병원비가 얼마, 생활비가 얼마'라는 식으로 이야기하는데, 나는 다른 걸 요구했다. "다 필요없습니다. 암 걸렸는데 병원으로 갈 생각이 없습니다. 암에 걸리면 현금 2억 원 정도 나올 수 있는 보험으로 설계해주세요"라고 했다.

나는 병원 안에서 죽음을 맞이하고 싶은 생각이 없다. 병원에 쏟아부을 돈으로 맛있는 것 사먹고 전국을 돌아다니면서 예쁜 풍광을 눈에 담을 것이다. 여기다가 아이들에게 물려줄 보험금으로 10억 원 정도 나오는 종신보험을 덧붙이는 걸로 했다. 보험설계사는 이런 사람 처음 봤다며 희한해했다. 큰병 앞에서 인간은 나약해진다. 막상 닥치면 생존율 10%도 안 되는 치료에 전 재산을 털어 넣을지도 모른다. 그래서 지금부터 스스로 세뇌를 시켜놓고 있다. 나는 병원에 가서 죽지 않겠다고.

나에게 주어진 직업적 소명을 찾다

내가 1993년에 처음으로 안경원 매장을 열었을 때부터 품고 있었던 원칙이 두 가지가 있다. 첫째는 돈 좀 벌었다고 해서 다른 걸 하지는 않겠다는 것, 둘째는 돈을 벌면 안경 업계에 뭔가 보탬이 될 만한 일을 해서 보답하겠다는 것이다. 피팅에 관해 고객들이 느끼는 현실을 깨달았을 때 '내가 할 일이 이거구나' 하는 생각이 들었다.

흔히 사장들은 돈을 벌고 나면 경영대학원 최고경영자 과정을 듣곤 하는데, 나는 그런 곳을 기웃거려 본 적도 없다. 그런 내가 최근 '한국안경아카데미'를 열었다. 그간 걸어온 인생 궤적을 인정받고 있는 것인지 가끔 대학에서 강의 요청을 받을 때가 있는데, 그때마다 거절 의사를 표했던 내가 말이다. 물론 나는 안경사로서의 자부심을 가지고 있지만 '내가 뭘 가르치겠나' 싶은 마음에 거절했던 것이다. 그런데도 불구하고 안경아카데미를 연 이유는 후배 안경사들에게 피팅을 가르치기 위해서다.

1987년 의료기사법 개정으로 안경사 제도가 시행되고 안경광학과가 생겨난 이래로 안경 업계에서 피팅 문제를 이슈화하지 않았던 이유는 무엇 때문일까? 그것은 안경사들이 '우리는 검안사'라고 착각하게 된 것이 원인이 아닐까 싶다. 개인적으로 이것은 기성세대의 잘못이라고 생각한다. 안경사는 원칙적으로 따지면 검안사와 안경사로 나눌 수 있다. 외국의 경우에는 두 가지 영역을 나누어 따로 관리하지만, 우리나라의 경우에는 특이하게도 이것이 하나로 합쳐져 있다. 우리나라의 안경사는 검안사이자 안경사인 것이다.

안경광학과가 없던 시절에는 안경원 사장이 안경사였다. 안경사 제도가 시작된 지 얼마 안 됐을 때 공부를 시작한 나의 세대는 과거의 안경사 선배들 밑에서 배웠기 때문에 안경의 조제 가공을 기술로서 연마하던 분위기를 안다. 그러나 안경사 제도가 시작되고 안경광학과가 생기면서부터 급격하게 검안사 영역으로 업계의 방향이 틀어졌다. 지금에 와서 돌아보니 검안사 영역은 상향 평준화된 반면, 안경사 본연의 직무는 후퇴해버렸다. 동네 안경원에서 안경을 맞춘 고객이 이전에 쓰던 안경이 눌려 피팅을 부탁하면 젊은 안경사들은 부러질 수도 있다고 핑계를 대며 매몰차게 거절할 지경에 이르렀다.

안경사 제도가 생기면서 검안사와 안경사가 동일시되자 처음에는 전문가로서 인정받게 되어 안경사의 자존감이 올라갔다고 생각한다. 그런데 전문가들이 모였으면 더 몰입해 그 영역을 발전시켜야 하는데, 이게 좀 엉뚱한 방향으로 흘러간 것 같다. 안경사가 하는 일이 검안뿐 아니라 판매도 하는 데다가, 고급화된 검안 기계와 설비가 평준화되면서 고객들이 더 이상 전문가로 봐주지 않게 된 것이다. 여기에 대한 갈증이 안경사들 사이에도 있었을 것이라 생각한다.

안경사가 검안에 집중하다 보니 안경사 본연의 직무에 무심했던 것도 사실이다. 검안사 직무는 공부를 좀 하면 기계가 갖춰져 있기 때문에 누구나 할 수 있을 정도로 보편화됐지만, 요즘 젊은 안경사들은 안경사 본연의 업무는 어려워한다. 안경사 시험도 검안에 집중돼 있으며 안경사의 직무인 안경의 조제 가공에 대해서는 비중이 5% 남짓이라 학교에서도 잘 안 가르쳐준다. 그러니 당연히 배우지 못했고 제대로 접하지 못했을 것이다. 공부를 게을리한 것도 무리는 아니다. 피팅이 포함된 안경 조제 가공은 진짜 기술이다. 책을 보고 배우기가 힘들고 반복된 경험이 쌓여서 감각을 익혀야 하는 기술이다. 나는 이걸 교육을 통해 바꿔봐야겠다는 생각이 들었다.

나를 들여다보고
그 안에서 답을 찾는다

30년간 안경사로 일해오면서 대구 1등 안경원, 서울 수도권 진출, 전국 단위 체인점 런칭 등의 목표를 차례대로 이루어왔다. 지금은 대한민국에서 최고의 1등 프랜차이즈를 만들고 싶다는 목표를 가지고 있다. 경쟁사가 있어서 아직은 이루지 못했지만, 나는 오래 가는 놈이 이긴다는 걸 믿고 있다. 내 소신껏 있는 자리에서 알차게 일하면 행운이 따르고 목표도 이룰 수 있을 것이라 생각하고 있다.

그동안 직원들이 입사하고 퇴사하는 모습, 만족하고 불만족해하는 모습을 지켜보면서 내가 너무 고지식하게 원칙을 고수하는 건 아닌가 생각할 때도 있었다. 내 생각만 맞다는 걸 버리자고 결심했다가도 '앞으로는 힘들더라도 아무나 뽑지 말자'고 냉정해지는 순간도 있었다. 작은 회사도 제대로 경영하지 못하면서 발전해야 한다고 욕심 부리고 있는 나의 한계를 탓해보기도 했다. 그러다가 '나의 만족과 불만족'이 무엇인지 고민해본 적이 없다는 걸 깨달았다.

세상이 어려워질 것이고 세상의 기준이 변해가고 있어서 내가 흐름을 따라가야 하고 변화를 헤쳐나가야 하는 건 맞지만, 내가 나를 소중히 생각하지 않는데 누가 나를 소중히 생각할까? 부처님 말씀 중에 자리리타(自利利他)의 말씀이 생각났다. '자기 자신을 사랑하고 다른 사람을 사랑하라.' 자신에게 도움이 되는 일이 남에게도 도움이 되는 것이다. 이제껏 남(他)을 보고 살았는데 내(自)가 보이면서 새롭게 생각하게 되었다. 다른 사람만 생각하는 것이 최고의 덕목인 줄 알았는데 그게 아니었다. 내 안의 나를 찾아 "왜 사니?" 물어보기로 했다.

"그냥 산다" 이게 내 대답이었다. 빈둥빈둥 산다는 뜻이 아니라 자연의 이치, 우주의 순리대로 순응하면서 산다는 뜻이다. 먹고사는 게 희망이어서 안경사 공부를 시작했던 때에 비하면 엄청난 발전을 했지만, 더 가지고 싶고 1등 하고 싶다는 강박관념에 사로잡혀 쫓기듯이 살았던 것 같다. 30년 동안 안경으로 먹고살았으니까 이제는 안경업에 진짜 보답을 해야 할 시간이라고 생각했다. 한국안경아카데미의 구상은 그렇게 시작되었다. "복(福)은 내가 짓고 내가 받는다"는 말이 있다. 가톨릭의 "내탓이오"와 같은 말이다. 내가 원인이자 결과이므로, 자신을 속이지 않고 자기를 들여다보는 것이 결국 답이다.

자기 자신과 대화하는 법

마음의 깨달음을 얻기 위해 독서를 하는 것도 좋지만, 내 안을 들여다보기 위해 명상을 하는 것도 좋은 방법이다. 나는 30대 초반에 명상을 배웠는데, 마음을 가라앉히고 스스로에게 질문을 던지곤 했다. 그것은 한 차원 다른 경험이다.

명상을 종교적인 것으로 생각해서 불교와 연결하는 사람도 있지만 신부님, 수녀님들도 배우는 걸 보면 꼭 종교적인 것으로 이해할 필요는 없을 듯하다. 나는 명상을 통해 답을 얻었던 경험이 꽤 있다. 어느 날 가만히 고요하게 앉아서 '내가 앞으로 뭘 해야 되지? 나는 세상에 어떤 필요를 주는 사람인가?' 묻고 있었다. 가만히 보니까 내가 의자가 돼 있었다. 그 의자에 사람들이 앉아서 편안히 쉬다 가고 또 다른 사람이 와서 쉬다 가고 하는 것이 느껴졌다. '나라는 존재는 사람들을 위해 편안함을 줘야 하는 존재구나!' 내 삶에 대한 깨달음이었다. 그때 이후로 내 업의 소명은 '편안함을 위해 보탬을 주는 삶'이 되었다.

스님들에게 명상을 배울 때 "이 뭐꼬?"를 물으라는 이야기를 많이 들었다. "이게 무엇인가?" 질문하는 것이다. 명상을 하면 견성(見性)을 체험한다고 하는데, 견성을 하면 나 자신과 자연과 세상이 일치가 된다. 지금도 1년에 한두 번은 절에 들어가서 조용히 1시간씩 앉아서 명상을 하다 오는데, 마음이 편안해지는 효과가 있다. 리더가 되면 누군가와 말할 수 있는 기회가 줄어든다. 정답이 없는 일을 혼자 판단해서 결정하고 답을 찾아야 한다. 그래서 자신과 대화하는 일은 무엇보다 중요하다. 명상이 어렵게 느껴진다면 자신과 대화하기 위해 일기를 쓰는 것도 좋다. 나도 매일 쓰지는 않지만 한 달에 한두 번, 규칙적이진 않지만 일기를 쓰고 있다. 누군가에게 말 못할 상황, 끓어오르는 감정을 일기장에 쓴다. 그리고 마지막에는 나 자신에게 "힘내라", "할 수 있다"는 응원의 글을 쓴다. 나중에 시간이 지나서 그것들을 보면 나의 역사를 읽는 것 같아서 재밌다.

삶의 의미를 찾지 못하면 돈이 많아도 허망하게 느껴질 수 있다. 쉰 살을 지천명(知天命)이라고 하는데, 이때는 소명(召命)을 찾는 것이 중요해지는 것 같다. 한국안경아카데미는 임상에서 얻었던 전문 노하우, 빨리 적응하는 방법 등을 후배들에게 알려주기 위한 것이다. 나는 여기에서 업의 소명을 찾았다. 업계 1등이라는 정량적인 목표도 중요하지만 업의 소명이 된 정성적(定性的)인 목표가 일을 더 열심히 하게 만드는 요인이 되고 있다.

피팅을 어려워하는 후배들에게

그동안 수십 개의 매장을 성공시켰던 비결은 마케팅에도 있었지만 피팅을 통한 고객 만족이 크게 영향을 미쳤다고 생각한다. 이 업계에서 안경사가 단순히 장사꾼이 아니라 진짜 전문가가 되도록 돕는 것은 내가 할 수 있고 내가 해야 할 일이라고 생각하고 있다.

그동안 안경사들이 관심을 가지지 않은 사이에 피팅은 퇴보했다. 검안을 잘할 수 있는 사람은 많지만 피팅을 잘할 수 있는 사람은 드물다. 확실한 블루 오션이고 이것을 집중 공략하는 것이 앞으로 나의 소명이 될 것이다.

30년 가까이 안경업에 종사하면서 그동안 내가 새로운 시도를 하면 3~5년 이내에 그것이 업계에 보급되고 대중화되었다. 처음 반응은 항상 "그게 되겠어"라는 부정적인 반응이었다. 의심의 눈초리를 보내다가 3년 정도 지나면 너도나도 똑같은 걸 도입하고 있는 걸 여러 번 경험했다.

나는 피팅 경험 또한 보편화될 것이라 생각한다. 이것이 보편화되면 소비자에게도 안경사에게도 좋은 일이 될 것이다. 소비자는 편안해지고 안경사는 전문가로서의 위상이 올라갈 것이다. 고객의 눈을 위해서 고객의 얼굴에 맞춰서 정성을 들이고 조정해주는 사람이야말로 '전문가'로서 평가받는 환경이 내가 꿈꾸는 결과다.

가격 경쟁이 아니라 실력이 관건이 되는 실력 경쟁으로 바뀌기를 바란다. 진정 실력 있는 사람이 인정받고 돈을 벌 수 있는 업계 분위기가 만들어지면 좋겠다.

한국안경아카데미에는 검안반, 경영 컨설팅반도 있지만 피팅반의 반응이 특히 좋다. 15년차, 17년차 안경사와 경력 20년 이상의 안경원 원장님들도 도 수업을 듣는다. "예전 같으면 손님이 어지럽다고 하면 적응하라고 하거나 도수를 다시 체크했는데 이제는 피팅부터 최우선적으로 보고 있어요. 손님들 만족도가 매우 높아졌습니다." 이런 피드백이 대부분이다. 그동안 피팅에 대해서 체계적으로 공부할 시간이 없었기 때문에 만족도가 매우 높다.

사람의 얼굴은 입체적이기 때문에 피팅은 막연한 연습만으로는 잘하기가 어렵다. 피팅 강의 시간에는 이론적 체계도 배우지만 여러 가지 케이스를 미리 경험해볼 수 있도록 실습하기 때문에 실무에 바로 적용할 수 있다. 바로바로 확실히 발전하는 것이 눈에 보이다 보니까 강의 추천으로도 많이 이어지고 있다. 오래 된 경력의 안경사도 "피팅이 이렇게 중요한지 몰랐어요"라고 말하는 걸 들으면 '내가 앞으로 더 잘해야겠다'고 생각하게 된다.

그들의 잘못이 아니다. 그동안 가르쳐주는 곳이 없었기 때문에 몰랐을 뿐인 것이다. 이론과 중요성과 임상까지 모두 거치고 나면 "아, 이게 이래서 그랬구나" 하고 그들도 공감한다. 아무리 15년 동안 안경사 경력을 쌓았어도 새롭게 배우고 가는 것이다. "피팅 교육 후부터는 손님들을 대하는 자세가 달라졌고 최대한 꼼꼼하게 하니까 손님들도 만족하고 있어요"라는 피드백을 들어보면 내가 제대로 가고 있다는 생각이 들어 안심이 된다.

업의 소명,
한국안경아카데미에서

어떤 방향으로든 재편을 하는 것에는 엄청난 고통과 막대한 투자가 뒤따라야 한다. 그 방향은 시대 변화에 따라 스스로 찾아야 한다. 나는 안경 업계에서 순수하게 기술적인 발전에 힘쓰겠다고 방향을 잡았다. 피팅을 잘 하면 안경사는 충분히 고객들에게 전문가로서 인정받을 수 있는 좋은 직업이 될 것이다. 검안에 신경쓰지 말라는 것이 아니라 거기에 더해 피팅으로 전문성을 완성시키라는 것이다. 이로써 새로운 고객의 유입은 물론 기존 고객들의 만족도도 높일 수 있다. 이 점은 아이데코 직영점에서 1년간의 테스트를 통해 판명되었다.

직원 교육을 할 때 나는 이런 이야기를 한다. "똑같은 흙을 가지고 누가 만들면 도자기가 되고, 누가 만들면 질그릇이 된다. 너는 무얼 만들고 싶니?" 똑같은 안경 렌즈와 테를 가지고 어떤 안경사는 질그릇을 파는 사람이 되고 어떤 안경사는 도자기를 파는 사람이 된다. 안경광학과를 갓 졸업한 젊은이들은 질그릇을 만드는 안경사에 가깝다. 자신의 직업을 어떻게 바라보느냐에 따라, 고객들의 불편함을 얼마나 잘 파악하고 해결하느냐에 따라 그는 윤기를 더한 도자기를 굽는 안경사가 되어갈 수 있을 것이다.

"콧대가 낮아서 흘러내리는 게 아니예요"

안경사로서 업의 본질을 나는 피팅에서 찾았다. 피팅이 잘 안 됐을 때 나타나는 불편함은 흘러내림과 두통이 가장 빈번하다. 안경은 얼굴이 닿는 부분에 압력과 마찰력을 유발시킨다. 그 힘을 얼굴 전체로 분산시켜서 착 감기도록 해주면 절대 흘러내리지 않고 무겁지도 않다. 이걸 못하면 안경이 얼굴에 그냥 걸쳐 있다. 흘러내림을 막아주려면 얼굴에 딱 일치되는 모양으로 안경을 만들면 된다. 두상을 보고 그와 비슷하게 안경 프레임을 만들면 가능하다. 이것은 어려운 작업이고, 고난도의 기술이다. 꺾이는 각도, 기울기, 폭, 길이가 개인마다 모두 다르기 때문에 하루아침에 숙련할 수 없다.

두통이 나타나는 것은 관자놀이가 눌려서 그런 것이다. 이쪽에

혈관이 지나가고 귀 뒤쪽은 신경이 지나가기 때문에 장기간 눌리면 머리가 아파온다. 공장에서 나오는 피팅과 안경원에서 맞추는 피팅은 달라져야 하는데, 이걸 못하면 공장에서 나오는 피팅 그대로 손님에게 안경을 씌우게 된다. 예민한 사람들은 그걸로 만족을 못한다. 공장에서 나온 상태의 안경은 다리가 고정되지 않고 휘어진다. 얼굴을 중심으로 이야기하면 관자놀이 쪽은 뜨고 귀쪽만 붙는다는 이야기다. 이럴 때 순간적으로는 편한 것 같기도 하지만 조금만 지나면 너무 눌려서 머리 아프거나 조금만 움직여도 축 처진다. 소비자들은 이걸 모르기 때문에 "원래 그런 줄 알았어요"라고 말하는 것이다.

보통 소비자들은 흘러내림이나 두통의 원인을 '내 안경이 휘어졌나?' '내가 무거운 걸 맞췄나?' '내 콧대가 낮아서 흘러내리나?' 이 세 가지로 예상한다. 불편함이 있을 때 "제가 콧대가 낮아서요"라고 말하는 여성들이 있는데, 안경이 잘못된 것이란 생각을 하는 사람은 거의 없다. "그 정도면 콧대 높은 거예요." 나는 그렇게 말하고 피팅을 해준다. 그러면 "어떻게 똑같은 안경인데 이렇게 달라지죠?"라는 반응을 보인다. 아무리 무거운 안경이라도 피팅으로 무게를 분산하면 편안해질 수 있다.

엄청 무거운 안경을 쓴 할아버지가 와서 불편함을 호소한 적이 있다. "제가 한번 해볼게요" 하고 피팅을 해드렸더니 "똑같은 안경인데 훨씬 가볍다"라며 신기해하셨다. 안경이 크고 무거우니까 당연히 흘러내리고 무겁게 느껴지는 줄 알았다는데, 무게를 분산시키는 피팅으로 안 잡아주었기 때문에 무게가 앞으로 다 쏠리면서 흘러내린 것이다. 무게중심을 전반적으로 흩어지게 하는 작업이 바로 피팅의 포인트다.

안경은 원래 맞춤형이어야 한다

피팅 체험 매장으로 테스트를 마친 아이데코 직영점은 코로나19 여파로 고객 수가 줄었는데도 매출은 줄지 않았다. 이건 가격 저항이 없어졌다는 얘기다. 한편으로 기술력이 인정받았다는 이야기도 된다. 게다가 직원 교육을 통해 마인드를 바꾼 덕분에 적은 직원으로도 일의 효율을 높일 수 있었다. 붐비지 않기 때문에 고객의 질적 경험에 더 집중할 수 있었다. 싸게 파는 콘셉트일 때는 빨리빨리 움직여야 했고, 빨리 안 해주면 화를 내는 고객도 있었다. 그런데 지금은 일부러라도 더 천천히 차분하게 일하고 있다.

안경은 눈을 대신하는 것이고 의료기기이기 때문에 개인에게 100% 맞추는 것이 맞다. 그렇게 되지 않았을 때는 광학적인 효과가 달라진다. 아무리 검안을 잘 해서 검사를 마쳤다고 한들 마지막에 피팅을 제대로 하지 못하면 변수가 생겨서 도수가 바뀐다. 다른 안경이 되어버리는 것이다. 그걸 완벽하게 잡아내려면 피팅은 필수적으로 발전해야 한다. 피팅이 잘 된다는 조건 하에 검안을 업그레이드시키면 훨씬 만족도가 높아질 것이다. 그러나 피팅은 무시하고 검안 위주로만 계속 개발하다 보면 안경사의 실력은 한계에 부딪힐 수밖에 없다.

안경사 초년생들은 이 사실을 잘 모른다. 안경광학과를 졸업하고 일을 시작하면 빨리 검사부터 해보고 싶어한다. 학교에서 검안 위주로 배웠기 때문이다. 피팅을 해보고 싶다는 초년생은 거의 없다. 아이데코 직원들도 처음에는 피팅 체험형 매장을 만들겠다고 했을 때 왜 이렇게 해야 하나 의문점을 갖고 시작했을 것이다. 현장에서 안경 맞추는 과정을 보면 검사하는 데 시간을 가장 많이 쓴다. 그런데 안경을 맞추고 며칠 있다가 “머리 아파서 못 쓰겠어요. 안경이 이상해요” 하면서 재방문하는 고객들이 점점 많아지면 피팅의 중요성을 알게 된다. 이런 일들은 도수 측정이 아니라 대개는 피팅의 영향 때문이라는 걸 알아차리는 안경사가 드문 것은 안타까운 일이다.

고객들 중에는 얼굴 구조가 조금은 특이한 형태인 사람들이 있다. 그런 사람들은 안경사가 대번에 알아볼 수 있어야 한다. 신발의 경우에는 짝발이라거나 좀 특징적인 신체조건을 가진 사람은 기성제품을 신기 어려운 경우가 있다. 보통은 적응이 되면 그냥 편안함을 포기하고 신기도 하지만, 사실은 맞춤으로 제작해야 편하게 신을 수 있다. 안경도 특이사항이 있다면 특별히 더 신경써야 한다.

맞춤형 신발가게가 살아남기 힘든 이유는 비용을 맞출 수 없기 때문이다. 편안함으로 따지자면 원래는 맞춤 신발가게가 더 잘돼야겠지만, 동일하게 대량으로 만드는 기성제품 가게가 오히려 더 잘 된다. 대량생산이라는 시스템이 처음 나왔을 때는 가격이 내려갔을지 몰라도 지금은 기성제품이 브랜드 이름을 달고 더 비싸게 팔리고 있다. 그러나 안경은 특수성이 있기 때문에 다른 공산품과는 좀 다르게 봐야 한다.

보통의 얼굴 형태를 가진 사람들은 대충 피팅해줘도 안경을 그냥 쓴다. 그런데 맞춤으로 자기 얼굴에 딱 맞게 조정할 수 있다는 사실을 알게 되면 신기해하면서 고마워한다. 자신에게 딱 맞는 걸 경험한 적이 없기 때문이다. 안경사들이 피팅을 소홀히 하는 사이에 소비자들은 그저 하는 수 없이 불편함에 적응한 것이다.

상황이 이렇기 때문에 앞으로 내가 해야 할 일이 많아졌다. 아이데코는 검안을 고급화했던 업력에 더해 피팅을 강조한 프로세스를 만들어놓았다. 아직까지 고객 반응은 100% 만족이다. 이런 분위기가 업계 내에 번진다면 안경 산업이 바뀔 것이라 생각한다. 물론 가격 경쟁과는 달리 이것은 따라하겠다고 마음먹어도 모두가 할 수 있는 것은 아니다. 그래서 피팅에 서툰 후배들을 돕기 위해 한국안경아카데미를 설립한 것이다. 노하우를 전수하고 안경 업계를 전체적으로 업그레이드시키고 싶다는 열망 때문이다.

그동안 최고의 검안기 도입, 명품 안경 판매, 좋은 소재의 공장가 제공 등 새로운 마케팅 요소들을 차례대로 도입해 왔다. 새롭게 오픈한 매장이 그때마다 잘 됐던 것은 방문했던 고객들이 피팅에 만족했던 덕분도 있었을 것이다. 이제 한국안경아카데미를 통해서 체계적으로 피팅을 배워본 적 없었던 후배들에게 경험과 노하우를 전수하고 있다. 강의를 들었던 후배 안경사들도 함께 업계에 좋은 분위기를 만들어준다면 더 바랄 나위 없겠다.

에필로그

시대가 바뀌어도 변하지 않는 가치가 있다

코로나19가 4차 산업혁명을 앞당겼다고 다들 이야기한다. 세상의 판이 바뀐다며 누군가는 발빠르게 뭔가 준비하고 있는데, 자영업자들은 뭘 해야 할지 모르겠다고 한다. 그런데 아무리 세상이 바뀌어도 변하지 않는 가치들이 있다. 비즈니스도 결국엔 사람과 사람이 만나서 이루어지는 것이기 때문이다. 사실 알고 보면 난세에 매장을 지켜낼 수 있는 비법은 따로 있는 것이 아니다. 시대에 맞춰 획기적인 변화를 만들어낼 수 있는 건 타협할 수 없는 나만의 가치가 있었기 때문일 것이다. 마지막으로 안경원 매장을 운영하면서 내가 항상 지켜왔던 원칙 다섯 가지를 정리해보려 한다. 노하우라고 해도 좋고 비법이라고 해도 좋다. 다들 어려운 때에도 위기를 오히려 성장의 발판으로 삼는 사람은 분명 있다. 자영업자나 소사장들이 어려운 시기에도 사업을 지켜내는 데 도움이 되면 좋겠다. 더불어 이것은 나에게 말하는 스스로의 다짐이기도 하다.

첫째, 직업에 대한 사명감을 가져라. 내가 어려우면 남들도 어렵고 힘들다. 모두에게 주어진 환경이라면 슬기롭게 이겨내야 한다. 이럴 때는 내 직업에 대한 사명감을 되새겨보곤 한다. 안경사라는 직업이 이 세상에 존재해야 하는 이유를 생각한다. 안경은 눈 대신이다. 사람들은 눈이 잘 안 보이고 불편해도 안경사가 도와주면 다시 잘 볼 수 있다. 내가 왜 이 일을 하고 있는지 생각하면 심적으로 안정감을 얻을 수 있다. 일이 있다는 것에 대한 감사함과 자부심도 생겨난다.

둘째, 집중하고 공부하라. 앞으로 미래는 양극화 현상이 두드러지게 나타날 것으로 보인다. 중간이 없는 세상이 되는 것이다. 비싸더라도 좋은 소재에 남다른 디자인을 선호하는 시장 그리고 가성비 좋은 물건을 선호하는 저가 시장, 이렇게 양분화되는 것이다. 이런 때일수록 내가 원하는 콘셉트를 명확하게 해야 한다. 저가 매장이 맞냐, 고급 매장이 맞냐는 말할 수 없다. 둘 다 정답이다. 다만, 2개 다 만족시키려고 하지 말고 가격적인 만족을 줄지, 차별화되고 특별한 만족을 줄지 하나를 선택해 집중 경영해야 될 듯하다.

몇 해 전에 직원들이 항상 불평불만이 가득 차 있는 모습을 보고 고민을 많이 했다. "내 시절에는 안 그랬다"고 외치고 있을 수만은 없었다. 서점에서 직원관리에 관한 책을 4권 구입해서 읽고 업무 매뉴얼을 작성했다. 그러고 보니 그동안 매장을 운영하면서 말로만 지시하고 명령했던 것 같았다. 책 속에서 많은 것을 느끼고 배웠다. 이후로는 업무 매뉴얼이 있기 때문에 직원들과의 마찰이 많이 줄었다.

일은 적게 하고 급여는 많이 받고 실력은 높이려 하지 않는 젊은 이들이 있다. 앞으로는 치열한 경쟁 속에서 인건비를 어떻게 효율적으로 쓸 것인가의 문제가 대두될 것이다. 내 기준으로 보면 젊은 세대들이 잘못 사는 것 같고 답답하고 화가 났지만, 내가 먼저 내려놓고 그들의 입장에서 생각해보니 어느 정도 이해가 되는 점도 있었다. 내가 먼저 바뀌고 그들의 마인드를 존중해야겠다는 생각이 들었다. 여기에 대한 고민을 하다 보니 가격 경쟁력을 가진 매장에서 전문화된 고급화 매장으로 바꾸는 결단을 내리게 됐다.

매장의 오너는 멀티플레이어로서 항상 공부를 해야 한다. 공부란 게 별것 없다. 내가 부족하고 힘들다고 생각하는 것에 대한 해결책을 찾아가는 것이다. 어렵다고 한탄만 하지 말고 무엇이 부족하고 어려운지 세밀하게 들여다보고 분석해보는 과정에서 한층 더 발전하는 계기가 될 것이다.

셋째, 변화하고 업그레이드하라. 위기가 있으면 반드시 회복이 있기 마련이다. 역사적으로 봐도 항상 위기와 회복은 반복됐다. 회복의 시기에 점프할 수 있으려면 지금 변화해야 한다. 그렇지 않으면 남이 하는 변화를 보고 뒤꽁무니만 쫓게 된다. 그것은 진정한 변화가 아니다. 남들 다 하니까 불안해서 쫓아가는 식으로는 기회를 얻기 힘들다.

내게 비법이 하나 있다면 그것은 다른 업종에서 힌트를 찾는다는 것이다. 일종의 벤치마킹이다. 다른 업종의 변화와 발전을 연구해보고 '어떻게 하면 나에게 적용할 수 있을까?' 질문을 던져보는 것이다. 세상에는 고수들이 참 많다.

그다음에는 반드시 '어떻게?'를 해결해야 한다. 고급화 매장이 대세가 될 거라 판단했다면 그저 비싼 물건만 들여와서 팔면 끝나는 건 아니다. 명분 없이 가격만 올라가는 건 욕 얻어먹기 딱 좋은 일이다. "저 집이 돈 좀 벌었나 보네" 하면서 고객들은 다 떠나갈 것이다. 같은 동네에서 매장을 하면서도 "그만한 값을 하네", "돈이 안 아깝다"의 평가를 받으려면 콘셉트 구현의 기술이 필요하다. '피팅 체험형 매장'이라는 콘셉트를 구현할 기법은 미용실 서비스였다.

넷째, 미래를 준비하라. 터널이 어둡고 길다고 해서 운전대를 놓을 순 없다. 지치고 힘들어도 계속 가야 한다. 긴 터널을 지나 좋은 때를 맞이하려면 대비하고 준비해야 한다. 좋은 때에 시작하면 늦을 때가 많다. 상상하고 예측해봐야 한다.

코로나19 시기에 안경 업계 변화를 미리 상상해본다면 직장인들이 재택근무를 하고 학생들이 온라인 강의를 하면서 집에서 생활했다는 점을 주목할 수 있다. 코로나19가 끝나고 대면하는 생활이 시작되면 스마트폰 사용량 증가로 눈이 나빠진 근시 인구가 급속하게 늘었을 것이라고 예상해볼 수 있다. 그때를 대비해 눈이 나빠진 학생들을 위한 품목 구비, 마케팅을 준비하면 좋을 것이다. 학생들은 집에서 가까운 안경원을 이용하는 경우가 많으므로 지역적인 마케팅을 준비하면 된다.

그리고 바깥에서 10m 정도 떨어져서 내 매장을 한번 바라보자. 들어가고 싶은 매장인가? 아니면 그냥 보통 매장처럼 느껴지는가? 고객 입장에서 냉정하게 생각해 일단 들어가고 싶은 매장을 만들어야 한다. 고급화 매장이라면 외벽 디자인에 까르띠에, 구찌, 디올 등 대표적인 토탈 브랜드를 포함시키고, '1:1 맞춤 안경', '3D 측정 시스템' 등의 표현을 표기하는 것으로 고급 손님이 들어올 수 있는 환경을 조성할 수 있다.

다섯째, 직원교육을 반복하라. 전진이냐 후퇴해 사라질 것이냐를 판가름하는 시기에는 직원들과의 공감대가 중요하다. 우리 회사, 우리 매장의 방향성을 정했다면 그것을 공유해야 한다. 혼자만 움직여서 비전을 실현할 수는 없다. 나는 매주 토요일 오픈하기 전 한 시간씩 직원교육을 실시하고 있다. 내용은 경영, 서비스, 검안, 마인드 등 다양하다. 작은 회사의 사장은 직원교육이 가능할 만큼의 자질로 무장되어 있어야 한다.

그러나 교육의 효과가 오래 가는 건 아니다. 직원들은 할 일이 추가되거나 바뀌는 것을 귀찮아하기 때문에 건성으로 듣고 움직이지 않을 수도 있다. 매주 반복과 응용을 되풀이해야 지속성을 유지할 수 있다. 교육 내용을 준비하는 동안 사장도 발전하기 때문에 위기 탈출에 직접적인 도움이 된다. 얼마 전 세무사가 우리 자료를 보고 깜짝 놀랐다. "다른 데는 20~30% 매출이 다 떨어졌는데 대표님은 안 떨어졌네요?" 나는 이것이 교육의 성과였다고 생각한다.

위기 돌파는 누가 대신해줄 수 있는 일이 아니다. 배우면 바로 행동해야 한다. 지금 뭔가 떠오른다면 바로 실행하라. 대신 소모적인 일에 그저 무의미한 도전을 하는 것은 피하길 바란다. 밑 빠진 독에 물 붓기는 할 필요가 없다. 그러나 고객 만족을 실현할 수 있는 확실한 방법을 찾았다면 지체 말고 도전하기 바란다.